Rudolf Steiner

# GUT LEBEN
# IST MÖGLICH

W0077002

Der besondere Beitrag
der Geisteswissenschaft

Der Wortlaut der im Archiati Verlag gedruckten Vorträge Rudolf Steiners geht auf die ursprünglichen Klartextnachschriften und Erstdrucke zurück, unter Berücksichtigung der danach erfolgten Veröffentlichungen.

Erste Auflage 2009
(1. bis 5. Tausend)

Herausgeber: Archiati Verlag e. K.
Redaktion: Pietro Archiati, Bad Liebenzell
Korrektorat: Eva Koglin, Ganderkesee
Druck: Memminger MedienCentrum, Memmingen

ISBN: 978-3-86772-149-3

Archiati Verlag
Burghaldenweg 37 · D-75378 Bad Liebenzell
Telefon: (07052) 935284 · Telefax: (07052) 934809
anfrage@archiati-verlag.de · www.archiati-verlag.de

# Inhaltsverzeichnis

> Vier Vorträge, gehalten in Berlin
> vom 5. bis 12. März 1922

1. Vortrag
## Kunst, Wissenschaft und Religion
Im Menschen wieder vereint
*S. 15*

## 2. Vortrag
## **Anthroposophie als Wissenschaft**
Naturwissenschaft und Religion weitergebracht
*S. 51*

- Naturwissenschaftler und Theologen haben gemeinsam die Überzeugung, dass es keine Wissenschaft des Übersinnlichen geben kann. Aber durch Geisteswissenschaft wird das Denken weiterentwickelt *S. 51*
- Die alte östliche Weisheit wurde wie im Traumzustand empfangen; die moderne Naturwissenschaft war wie ein Aufwachen; die Geisteswissenschaft ist wie ein höheres Aufwachen im leibfreien Denken *S. 58*
- Dasselbe wissenschaftliche Denken, das die sinnliche Wahrnehmung bewertet, bewertet auch die übersinnliche Wahrnehmung *S. 71*
- Im weiterentwickelten Willen lebt der Mensch dem Geist der Welt hingegeben wie nach dem Tod *S. 75*

3. Vortrag
# Geisteswissenschaft als Leben
Wie das Studium zur Lebenspraxis wird

*S. 85*

- Der gesunde Menschenverstand empfängt von den Inhalten der imaginativen, der inspirierten und der intuitiven Erkenntnis je verschiedene Lebensgaben *S. 85*

- Das Studium der Ergebnisse imaginativer Erkenntnis macht das Denken lebendiger, die Persönlichkeit selbstständiger, den Körper geschickter *S. 92*

- Wer Inhalte der inspirierten Erkenntnis in sich bewegt, fördert den Natursinn, das Menschenverständnis, die Lebenssicherheit und die Geistesgegenwart *S. 98*

- Wer Inhalte der Intuition nachdenkt, erlebt die Freiheit des Ich als Geist, der aus Liebeswillen handelt *S. 107*

4. Vortrag
# Die Bedürfnisse unserer Zeit
Ihre Befriedigung durch Geisteswissenschaft
*S. 119*

# Vorwort

Es gibt Menschen, die sich jahrelang in innerer Entwicklung üben in der Hoffnung, irgendwann selber in der geistigen Welt etwas zu sehen. Bei den meisten bleibt dieses Bestreben ohne Erfolg, weshalb auch die Begeisterung mit der Zeit immer geringer zu werden droht.

Demgegenüber kann die Frage gestellt werden: Selbst wenn ein Mensch alles Mögliche in der geistigen Welt sehen würde, was hätte er davon, wenn er nicht durch das Denken das Gesehene richtig deuten könnte? Er wäre wie ein ganz kleines Kind, das in der sinnlichen Welt alles sehen kann, was zu sehen ist, aber noch nichts davon versteht. Das Sehen, das Wahrnehmen ist im Geistigen genauso wie im Sinnlichen: Es hilft nichts, wenn nicht das deutende Denken dazukommt.

Es wäre auch nicht leicht für jemand, der im Geistigen wahrnimmt, sich so umfangreich umzuschauen, wie Rudolf Steiner es getan hat. Wer lange genug sein Denken am von Rudolf Steiner im Übersinnlichen Wahrgenommenen übt, kommt nicht auf den Gedanken, dass er zusätzlich eigene Wahrnehmungen braucht. Er wird sich sagen: Was nützen mir weitere Wahrnehmungen im Geistigen, wenn ich das meiste, das Rudolf Steiner an Wahrnehmungen im Übersinnlichen schildert, noch nicht tief genug mit dem Denken durchdrungen habe?

Umso erfrischender ist, von Rudolf Steiner zu erfahren, was alles *das Studium* der Geisteswissenschaft für die innere Entwicklung und für das Leben im Alltag bringen kann. Im dritten dieser Vorträge schildert er ausführlich die unterschiedlichen Lebensgaben durch das Studium dessen, was die imaginative Erkenntnis ermittelt, dessen, was die inspirative Erkenntnis erforscht, und dessen, was die intuitive geistige Erkenntnis erfasst. Es geht weniger um eine intellektuelle Bereicherung durch Wissensvermehrung, als vielmehr um moralisch-praktische Gaben, die das Leben immer lebenswerter machen.

Man bekommt fast den Eindruck, als ob der Sinn aller inneren Läuterung, als ob der Sinn selbst aller Übungen, die in *Wie erlangt man Erkenntnisse der höheren Welten?* zu finden sind, weniger der wäre, selber in der geistigen Welt zu schauen, als das Denken vom Subjektiven so zu befreien, dass es im Studium der Geisteswissenschaft die dargestellten Inhalte immer tiefer und umfangreicher erfassen kann. Alles Wahrnehmen ist für sich allein genommen langweilig, man erlebt dabei nur Mangel an Begriffsbildung. Es ist reine Sehnsucht nach dem denkerischen Durchdringen des Wahrgenommenen.

Und was hat man vom denkerischen Sichvertiefen in die Inhalte der *imaginativen* Erkenntnis? Man bekommt indirekt etwas von den Fähigkeiten, die der Eingeweihte in sich erzeugen muss, um zur Stufe der Imagination zu gelangen.

Das Denken wird lebendiger gemacht, die ganze Persönlichkeit selbstständiger, der Umgang mit dem Körper geschickter. In der Imagination kann man ja sehen, wie der vorgeburtliche Mensch sich wie ein Künstler kraft seines Denkens einen ihm passenden Körper aufbaut, um damit ein Leben lang auf der Erde denkend handeln zu können.

Die *inspirative* Erkenntnis wird im geistigen Zwiegespräch zwischen Wesen und Wesen erlebt. Durch das Studium der Inhalte dieser allumfassenden Kommunikation zwischen den Geistern der Welt erlangt der Mensch einen tieferen Natursinn, ein immer herzhafteres Menschenverständnis, eine wohltuende Lebenssicherheit und zunehmende Geistesgegenwart. «Was ist erquicklicher als Licht?», wird in Goethes *Märchen* gefragt. Und die Antwort lautet: «Das Gespräch». Im Studium des durch Geisteswissenschaft inspirativ Errungenem vertieft sich der Leser immer mehr in das Weltenwort, in das kosmische Gespräch aller geistigen Wesen untereinander. Er wird selber immer gesprächsfähiger.

Noch tiefere Lebensgaben empfängt der Mensch durch das Studium dessen, was der Eingeweihte durch *intuitive* Erkenntnis erfasst. Auf dieser höchsten Stufe der geistigen Erkenntnis geht es darum, geistige Wesen in ihrem innersten Kern zu erkennen. Beim Menschen erzeugt das Studium dieser Inhalte einen Sinn für das Menschen-Ich, für den Wesenskern des Menschen. Da erfasst sich der Mensch immer mehr als schöpferischen Geist, der kraft der Fantasie der Liebe aus der innersten Freiheit heraus handelt und immer neue Welten erschafft.

Die anderen drei Vorträge dieses Bandes geben lauter Bestätigungen des eben Dargestellten. Im ersten Vortrag dienen Wissenschaft, Kunst und Religion als Beispiele des Imaginativen, des Inspirativen und des Intuitiven. Im Menschen können sie wieder eins werden, nachdem sie eine Zeit lang in der Kultur getrennte Wege gewandert sind. Als Wissenschaftler «sieht» der Mensch die Welt, als Künstler kann er ins «Gespräch» mit allen Weltwesen kommen und als religiöser Mensch kann er die Einswerdung mit allen Geistern anstreben. Goethe ist in der modernen Zeit ein großartiges Beispiel des Strebens nach Wiedervereinigung von Wissenschaft, Kunst und Religion.

Im Vortrag über die Wissenschaftlichkeit der Anthroposophie betont Rudolf Steiner, dass es nicht maßgebend ist, ob die Wahrnehmungen der sinnlichen oder der übersinnlichen Welt entnommen sind. In beiden Fällen bleibt das Denken, womit der Mensch über das Wahrgenommene denkt, ganz und gar dasselbe. In beiden Fällen ist es die Qualität des Denkens, die Gediegenheit und Besonnenheit der denkenden Überlegung, die das Wesen der Wissenschaftlichkeit ausmacht.

Im letzten Vortrag ist von den besonderen Bedürfnissen unserer Zeit die Rede und von der Art und Weise, wie das

Studium der Geisteswissenschaft am allermeisten dazu beitragen kann, diese Bedürfnisse zu befriedigen. Wonach hat der heutige religiöse Mensch ein Bedürfnis? Er möchte seinen Glauben durch Erkenntnis vertiefen, er möchte immer besser verstehen, was sein gläubiges Herz liebgewonnen hat. Der Naturwissenschaftler spürt seinerseits das Bedürfnis, wenn auch nicht immer ganz bewusst, den Materialismus der neuzeitlichen Wissenschaft durch Würdigung der Wirklichkeit des Geistes zu überwinden.

Vor allem das Soziale wird durch das Studium der Geisteswissenschaft immer menschlicher gemacht. Was Rudolf Steiner «Dreigliederung» des sozialen Organismus nennt, ist das Streben nach innerer Freiheit für jedes Individuum als Geist, nach Solidarität in der Befriedigung der leiblichen Bedürfnisse, nach Gleichheit in der Wahrnehmung der Seele jedes Menschen in seiner Würde als Mensch.

Man kann sich nur wünschen, dass immer mehr Menschen eine echte Begeisterung anhand des Studiums der Geisteswissenschaft erleben. Diese werden die unbeschreibliche Bereicherung erfahren, die die Geisteswissenschaft in das Leben des Menschen bringt.

Pietro Archiati
im Herbst 2009

Erster Vortrag

# Kunst, Wissenschaft und Religion
## Im Menschen wieder vereint

*Berlin, 5. März 1922*

Sehr verehrte Anwesende!

Der heutige Vortrag macht keinen anderen Anspruch als lediglich den, eine Art von Einleitung zu sein zu den Betrachtungen, die mir in den nächsten Tagen obliegen, Betrachtungen über das Verhältnis von Geisteswissenschaft° zu den verschiedenen Wissenschafts- und Lebensgebieten.

Eine der bedeutsamsten Tatsachen des neueren Geisteslebens ist zweifellos das Zusammenleben, Zusammenwirken und Zusammendenken Goethes und Schillers, namentlich in der allerersten Zeit ihrer Freundschaft im letzten Jahrzehnt des 18. Jahrhunderts. Und es ist außerordentlich bedeutsam, dass in dieser Zeit ihrer Freundschaft im letzten Jahrzehnt des 18. Jahrhunderts, in dieser Zeit, in der sich zwei der größten Genien der Menschheit intim gefunden haben, eine brennende Geistesfrage zwischen diesen Persönlichkeiten nach allen Seiten besprochen und erwogen wird.

15

Sowohl Goethe als auch Schiller waren ihrem tiefsten Wesen nach Künstler. Aber gerade in der genannten Zeit beschäftigte sie in tiefster Weise auf der einen Seite das Verhältnis des Künstlertums zu der Erkenntnis, wie sie sich in der wissenschaftlichen Betrachtung offenbart, und auf der anderen Seite, obwohl etwas weniger deutlich, auch das Verhältnis des Künstlertums zum religiösen Fühlen und Empfinden des Menschen.

Und wenn man den Grundton auf sich wirken lässt, der durch alle Besprechungen Goethes und Schillers über das gegenseitige Verhältnis von Erkenntnis, Kunst und Religion durchklingt, dann kommt man dazu, sich zu sagen: Es war vor allen Dingen für diese beiden Geister eine solche Frage diese:

> Wie wirkt im menschlichen Wesen das Erkenntnismäßige, das Künstlerische und das Religiöse zusammen, um den Menschen dahin zu führen, sein volles harmonisches Menschenwesen für sich und für die Welt zum Ausleben und Auswirken zu bringen?

Wer in eine lebensvolle Behandlung der gekennzeichneten Frage eintritt, auf den macht wohl den tiefsten Eindruck dasjenige, was zutage getreten ist in

- *Schillers* Auseinandersetzung über diese Frage in seinen leider viel zu wenig gewürdigten *Briefen über die ästhe-*

*tische Erziehung des Menschen* und dasjenige, was

- *Goethe* an diese Schiller'sche Betrachtung angeschlossen hat in seinem *Märchen von der grünen Schlange und der schönen Lilie,*

das den Schluss der *Unterhaltungen deutscher Ausgewanderten* bildet. Und ich glaube nicht, dass man gefühlsmäßig gründlicher in die Frage, die ich heute ein wenig besprechen möchte, hineinkommen kann, als wenn man seine Aufmerksamkeit auf die Stellung derselben vonseiten zweier so hervorragender Geister richtet.

Denn alles ist charakteristisch an der Tatsache, die ich angeführt habe: Charakteristisch ist der Zeitpunkt, in dem Goethe und Schiller das tiefste Bedürfnis fühlen, sich über diese Frage aufzuklären; charakteristisch ist, dass sie das, was ihnen ihre Freundschaft, ihr Zusammenleben bedeutet, dazu verwenden, sich über diese ihnen damals so außerordentlich wichtig scheinende Frage aufzuklären.

Und noch in mancher anderen Beziehung kann man das Bedeutsame betonen, den Zusammenhang mit der Frage des heutigen Themas aus einer Betrachtung des Wechselverkehrs zwischen Goethe und Schiller zu gewinnen.

*Schiller* sah auf der einen Seite die wissenschaftliche Betrachtung auch durch den Umstand, dass er sich aufklären wollte über die philosophischen Grundlagen der Kunst aus der kantschen Philosophie heraus. Aber eine solche

Frage nahm bei Schiller den Charakter an, der nach dem Allgemeinmenschlichen hinführt, nach der umfassenderen Frage: Was ist das eigentliche Wesen des Menschen, was trägt innerhalb der Kultur- und Geistesentwicklung am meisten zu diesem Wesen des Menschen bei?

Und so wurde gerade die Frage: Wie erlangt der Mensch die Möglichkeit, auf den Weg seiner Bestimmung aus Erkenntnis, aus Wissenschaftlichkeit, und aus künstlerischem Streben herauszukommen?, diese Frage wurde für Schiller eine brennende. Er stellte sie sich in jener Abhandlung, die er über die ästhetische Erziehung des Menschengeschlechts schrieb.

Schiller sagte sich gerade in dieser Zeit oftmals: Wissenschaftliche Betrachtung hat etwas Unbefriedigendes, wenn man die höchste, die reinste Entfaltung des menschlichen Wesens anstreben will. Merkwürdige Äußerungen Schillers liegen in dieser Beziehung vor. Als er zum Beispiel ein Stück von Goethes *Wilhelm Meister* empfing und es mit höchstem Interesse durchlas, knüpfte er in einem Brief an Goethe an das Empfinden, das er über die Art künstlerischer Behandlung vonseiten Goethes in diesem Werk hatte, den Satz an: Der Künstler ist der einzig wahre Mensch, und der beste Philosoph ist im Grunde genommen nur eine Karikatur neben ihm.

Was meinte Schiller mit einem so radikalen Ausspruch? Er meinte: Indem sich der Mensch entweder künstlerisch schöpferisch betätigt oder künstlerisch genießend in das Kunstwerk vertieft, fühlt er innerlich regsam, innerlich lebendig sein volles Menschentum. Und gegenüber dem, was er an den wahren Kunstwerken erlebt, ist dasjenige, was er im wissenschaftlichen Erkennen erleben kann, doch etwas durchaus Unbefriedigendes.

Aus solchen Empfindungen heraus entstand die eigentümliche Lösung, die Schiller dieser Frage in seinen ästhetischen Briefen gegeben hat.

Er sagte sich etwa Folgendes: Wenn wir als Menschen dem Höchsten, das uns zunächst hier im Erdenleben zugänglich ist, wenn wir der Ideenbetrachtung über die Welt hingegeben sind, wie sie das Ziel alles Wissenschaftlichen ist, dann fühlen wir die Notwendigkeit, logisch zu sein. Wir dürfen nicht abweichen von den Gesetzmäßigkeiten der Vernunft, die Besitz nimmt von unserem Geist und unserer Seele und uns die Wege vorschreibt.

Wir sind, indem wir uns in dieser Weise erkenntnismäßig betätigen, nicht wahrhaft innerlich frei, und nur in der innerlichen Freiheit lebt sich das wahre Menschentum aus. In dieser erkenntnismäßigen Betätigung sieht Schiller den einen Pol menschlicher Tätigkeit.

Den anderen Pol sieht er in der Hingabe des Menschen an die Naturnotwendigkeit seines eigenen Wesens, an seine Instinkte, seine Triebe, an sein im gewöhnlichen Leben aus seinem niederen Organismus in seinen Trieben herauskommendes Begehrungsvermögen. Aus diesen Antrieben heraus handelt zunächst der Mensch und richtet sein Leben ein.

Allein, man ist hingegeben der Naturnotwendigkeit seines eigenen Wesens, wenn man seinen Trieben und Instinkten hingegeben ist, man folgt den Trieben und Instinkten so, wie die äußere Natur ihren Naturbedingungen folgt. Man ist wiederum nicht frei.

Zwischen diesen zwei Zuständen, der Hingabe an die Vernunftnotwendigkeit und der Hingabe an die Naturnotwendigkeit, sucht Schiller jenen mittleren Zustand, in dem das Menschenwesen sich finden kann, und den er den «ästhetischen Zustand» nennt, jenen Zustand, in dem der Mensch als Künstler oder als künstlerisch Genießender ist.

Wie schildert nun Schiller aus seinem Erleben und aus seiner Erfahrung gegenüber der Kunst diesen mittleren Zustand?

Er sagt: Wenn wir als Menschen ein Kunstwerk genießen, fühlen wir nicht starre, strenge Vernunftnotwendigkeit, die uns im Erkennen leiten muss; da fühlen wir aber auch nicht das bloße Begehrungsvermögen, das in den Trieben und Instinkten lebt.

Wenn wir uns zum freien Genuss des Schönen hinaufarbeiten, so dürfen wir nicht in dem stecken bleiben, was nur unsere sinnlichen Triebe geben. Die geistlosen sinnlichen Triebe können sich niemals zum wirklichen Verständnis des Kunstwerks erheben. Aber indem wir uns an das Künstlerische hingeben, leben wir auch nicht in einem abstrakten, geistig abgezogenen Unsinnlichen, wie das beim wissenschaftlichen Erkennen der Fall ist, wenn es bis zu Ideen vorschreitet.

Wir leben dann, weil dasjenige, was sinnlich auftritt, auch das Künstlerische ist, in jenem mittleren Zustand in der Hingabe an ein Sinnliches, aber wir leben so in der Hingabe an ein Sinnliches, dass zu gleicher Zeit unsere eigene sinnliche Natur abgelegt ist, dass wir nicht ihrer Notwendigkeit hingegeben sind, dass wir sie durchgeistigt, durchseelt haben.

Wir haben die starre Vernunftnotwendigkeit hinuntergeführt in die Sinnlichkeit, die im Künstlerischen uns angemessen sympathisch ist, wir haben uns herausgerissen aus der starren Vernunftnotwendigkeit, aber wir haben uns auf der anderen Seite auch herausgerissen aus der uns herabdrückenden Naturnotwendigkeit.

Wir sind in diesem mittleren Zustand in Wahrheit freie Menschen. Wir folgen, indem wir zum Beispiel künstlerisch schaffen, nicht solchen methodischen Regeln, wie wir sie in der Wissenschaft beachten müssen, wir geben uns hin dem freien Spiel desjenigen, was in unserer eigenen Seele waltet. Die innere freie Gesetzmäßigkeit, die zugleich an unsere Sympathie und Antipathie appelliert, sie leitet uns, indem wir Künstlerisches hervorbringen. Wir sind in einer freien Seelenverfassung.

Aus solchen Untergründen heraus wagt Schiller gerade in diesen ästhetischen Briefen ein radikales Wort. Von dieser Tätigkeit, die im Sinnlichen waltet und dennoch geistig ist,

- so *geistig* ist wie die *Vernunftnotwendigkeit,* ohne sich dieser Notwendigkeit der Vernunft hinzugeben, und die
- so *sinnlich* ist wie sonst nur das Leben in der Sinnlichkeit, ohne sich an die *Naturnotwendigkeit* zu verlieren,

von dieser Tätigkeit wird der Blick Schillers auf das *freie Spiel des Kindes* hingelenkt, das noch nicht eine Erkenntnisnotwendigkeit kennt, das aber auch noch nicht so tief untergetaucht ist in seine Sinnlichkeit, indem es in seinem freien, aus seiner Sympathie und Antipathie entfalteten Spiel sich ergeht. Aus dieser Stimmung heraus prägte Schiller den radikalen Satz:

Der Mensch ist nur so lange ganz Mensch, als er spielt, und er spielt nur so lange im wahren Sinne des Wortes, als er ganz Mensch ist.

Was Schiller da äußert, das gehört einer höheren Stufe der Geistesentwicklung an. Da versuchte der deutsche Geist einmal, von einem außerordentlich hohen Gesichtspunkt aus sich über das Menschentum aufzuklären.

Es versuchte der deutsche Geist, das ganze innere Wesen des Künstlerischen zu erfassen an der Frage: Was kann Kunst sein, um den Menschen durch das künstlerische Wesen so hoch als möglich in seiner Entwicklung zu bringen? So stand diese Frage vor Schiller.

Kaum weniger intensiv stand sie vor *Goethe.*

Goethe verfolgte mit Aufmerksamkeit alle die Gedanken und Ideen, die Schiller über die Frage entwickelte: Wie wird der Mensch frei gemacht durch den Inhalt seines Geisteslebens? Aber Goethe konnte aus seiner Natur heraus sich nicht den mehr abstrakten Gedankengängen in Schillers ästhetischen Briefen anbequemen.

Für Goethe, der in einem ganz anderen, in einem weiteren Sinne Künstler war als Schiller, lag die Frage nicht so einfach wie für Schiller. Goethe sagte sich: Schiller sieht drei im Menschen waltende Kräfte: die Vernunftnotwendigkeit, die «Notdurft» der Natur und zwischendrin den ästhetischen Zustand. Aus ihrem gegenseitigen Verhältnis will er in geistvoller Weise die freie Menschenseele erkennen.

Aber so einfach liegt die Sache nicht, sagte sich Goethe, denn diese Menschenseele ist etwas unendlich Kompliziertes. Man kann sie nicht durchschauen, wenn man nur drei solche abstrakten Kräfte vor sich hinpfählt, mag man noch so geistreich darüber philosophieren. Goethe konnte Schillers Philosophie einfach nicht folgen.

23

Für ihn wurde das, was er sich auf dieselbe Frage als Antwort geben konnte, zu einem Bild, zu jenem gewaltigen Bild mit den mannigfaltigsten Unterbildern, das uns in seinem *Märchen von der grünen Schlange und der schönen Lilie* entgegentritt.

Ich will jetzt alle die anderen Personen übergehen, die in diesem Märchen enthalten sind, und will die eigentliche Lage darstellen, wie die Seele auf verschiedenen Wegen zum Ziel ihrer Freiheit, zu dem Erleben ihres wahren Wesens hinkommt.

Die Wege, welche die einzelnen Personen in Goethes Märchen gehen, sind alles Wege der Seele, nicht allegorisch oder symbolisch gedacht, sondern so, wie Goethe von diesen Wegen der Seele sprechen musste.

Wer in so etwas, wie es dieses *Märchen von der grünen Schlange und der schönen Lilie* ist, Allegorien oder Symbole sieht, der ist nicht in wirkliches, echtes Geistesleben eingedrungen, wie es zum Beispiel in Goethe waltete. Wenn jemand sagt: In diesen Personen sehe ich allegorische oder symbolische Darstellungen für Geisteszustände oder dergleichen, so ahnt er gar nicht, wie reich die Erlebnisse Goethes auf den einzelnen Seelenwegen waren und wie Goethe nicht anders als in Bildern, die vieldeutig aber auch sehr sprechend sind, das ausdrücken konnte, was er über die Wege der Seele offenbaren wollte.

Ich möchte nur auf die Zielfiguren hinweisen: Alle die verschiedenen Persönlichkeiten in diesem Märchen bewegen sich zuletzt nach dem Tempel der *vier Könige* hin, nach dem Tempel

- des *goldenen Königs,*
- des *silbernen Königs,*
- des *ehernen Königs* und
- desjenigen *Königs,* der aus diesen drei Substanzen in unregelmäßiger Art *zusammengemischt* ist.

Und wir sehen, wie Goethe die ganze Handlung zu dem Ziel hinleiten möchte, dass zuletzt ein gewisses Verhältnis auftritt zu dem goldenen König, dem silbernen König und dem ehernen König, die indem sie auf eine andere Person des Märchens – auf die schöne Lilie – wirken, in dreifacher Weise das Wesen der Welt auf das tiefste Menschliche ausstrahlen.

Und indem diese drei mächtigen Persönlichkeiten auf den Menschen das innerste Wesen der Welt ausstrahlen, sehen wir, wie der vierte König, der chaotisch aus den Substanzen der drei anderen gemischt ist, in sich zusammensinkt. Versucht man, mit etwas abstrakten Worten auszudrücken, was Goethe bei dieser Begegnung der Märchenpersonen, der schönen Lilie mit den vier Königen, empfand, so muss man sagen:

Er wollte zeigen, wie die Menschenseele, wenn sie zum wahren Menschentum kommen will, zuletzt ein gewisses

Verhältnis zu dem erlangen muss, was der goldene König darstellt: das Erkenntnismäßige, das, was den Menschen zur Weisheit führt; wie sie erlangen muss ein Verhältnis zu dem silbernen König, der dasjenige dem Menschen gibt, was Schönheit, was das Künstlerische ist; und wie sie ein Verhältnis zu dem erlangen muss, was im ehernen König dargestellt ist, zu dem Guten, zu dem wirklich frommen Tun.

So erlangt für Goethe der Mensch zuletzt das Wahre, wie es in der Wissenschaft lebt, das Schöne, wie es in der Kunst lebt, und das Gute, wie es im Religiösen vorhanden ist.

Aber indem Goethe darstellt, wie voneinander getrennt, jeder seine selbstständige Individualität bewahrend, die drei Könige dieses dreifache Weltwesen der Weisheit, der Schönheit und der Güte auf den Menschen ausstrahlen, zeigt sich zugleich, indem so der Mensch zu seiner wahren Menschlichkeit kommt, wie dasjenige, was früher auf ihn Einfluss gehabt hat – der gemischte König, der in chaotischer Weise aus den drei Substanzen zusammengemischt ist –, wie das in sich zusammensinkt und kein Dasein mehr hat.

Goethe will zeigen, wie nur durch ein ganz bestimmtes Verhältnis von Weisheit, Schönheit und Güte oder von Wissenschaft, Kunst und Religion, indem diese drei Weltoffenbarungen auf den Menschen wirken, das wahre Menschentum erreicht werden kann.

Was Goethe damit meint, sollte nicht in abstrakten Sätzen ausgedrückt werden, denn es stellt dar die ganze Summe Goethe'schen Erlebens gegenüber der Wissenschaft, gegenüber der Kunst und gegenüber der Religion. Goethe musste den Versuch machen, in einzelnen Bildern dasjenige darzustellen, was Schiller mehr in abstrakten, philosophischen Ideen darstellte.

Das allein ist schon bedeutsam. Es ist bedeutsam aus dem Grund, weil aus seiner ganzen Zeitepoche mit ihrem charakteristischen Geistesleben heraus Goethe ebenso wie Schiller zu der Frage kam: Wie müssen sich Wissenschaft, Kunst und Religion in das Leben des Menschen einfügen?

Und er fand keine Möglichkeit, dies anders auszudrücken als zunächst in märchenhafter Art. Dennoch sieht man: Für ihn handelte es sich um eine brennende Frage, ebenso wie es sich für Schiller um eine brennende Frage handelte.

Schiller sah in dem bloß Erkennenden eine Karikatur des wahren Menschen. Goethe aber strebte, seit er überhaupt zum wirklichen wachen Menschenbewusstsein gekommen war, immer danach, die Grundlagen des künstlerischen Wesens und Schaffens und die Bedeutung dieses künstlerischen Wesens und Schaffens für das Menschentum im Wesen der Welt selbst zu suchen.

Und man gelangt zu außerordentlich intensiven Ideen und Empfindungen auf dem angedeuteten Gebiet, wenn man verfolgt, wie Goethe zusammen mit Herder die Philosophie Spinozas intensiv studiert, wie er Spinozas *Ethik* mit Herder zusammen liest, wie er aus dieser Ethik Vorstellungen darüber gewinnen will, wie die göttliche Notwendigkeit in ihrer Gesetzmäßigkeit durch die Welt waltet und webt.

Gott im Weltenwirken – das will Goethe in sich lebendig machen durch sein Spinoza-Studium. Er bleibt unbefriedigt, und wie er unbefriedigt bleibt, kann man sehen aus den außerordentlich charakteristischen Aussprüchen an seine Freunde in den Briefen, die er von seiner italienischen Reise an seine Weimarer Freunde schrieb.

Da fühlte er in Italien gegenüber denjenigen Kunstwerken, die ihm eine Vorstellung von der Kunst der Griechen gaben, wie er in einem Element war, das plötzlich anfing, ihn zu befriedigen. Wir lesen da in den Briefen, die er nach Weimar zurückschreibt, die Worte: Jetzt, diesen italienischen Kunstwerken gegenüber bekomme ich ein Gefühl für griechische Kunst. Ich habe die Vermutung, dass die Griechen beim Schaffen ihrer Kunstwerke nach denselben Gesetzen verfuhren, nach denen die Natur selbst verfährt und denen ich auf der Spur bin.

Also Goethe glaubte zu erkennen: Da walten in der Natur die ewigen, ehernen Gesetze, die er in Spinozas Philosophie finden wollte, die er dort nicht finden konnte, die er aber fühlte aus seinen eigenen Naturstudien und die er dann heraufverfolgen konnte in seiner Kunst, um Wissenschaft und Kunst in einer Einheit zu empfinden.

Er konnte diese Einheit erst dort empfinden, wo er glaubte, dass sich die Griechen mit ihrem Wesen tief in Sinn und Wesen der Naturnotwendigkeit eingelebt haben, dass sie diesen Sinn und dieses Wesen in ihren Kunstwerken heraufgehoben haben, aber so, dass in diesen Kunstwerken dasselbe lebt, was sonst nur innerhalb der Natur wirksam ist.

Indem Goethe dies empfand, indem er die Notwendigkeit des künstlerischen Schaffens an dem empfand, was er sich jetzt als griechische Kunst vorstellte, kam er zu dem Ausspruch, den er seinen Weimarer Freunden schrieb, vor den Kunstwerken stehend, die er damals sehen konnte: «Da ist Notwendigkeit, da ist Gott!»

Wir sehen bei Goethe den Weg: Er suchte erkenntnismäßig aus der Philosophie Spinozas die Notwendigkeit, die göttliche Gesetzmäßigkeit im Weltenwesen. Er stellte sich vor die Kunstwerke hin, die er als die vollkommensten ansah, und empfand aus ihnen heraus das, wonach er mit allen Fasern seines Seelenwesens strebte. Diesen Kunstwerken gegenüber erlebte er das, was er als Wirken des Göttlichen fühlte.

Wir sehen aber daraus auch, dass Goethe die Kunst nicht einfach als eine bloß beliebige Zugabe zum Leben auffassen konnte, sondern dass er danach strebte, zu erkennen, wie die Kunst in ihren Gestaltungen tief in den Weltenwurzeln begründet ist.

Und vielleicht ist ganz besonders charakteristisch ein Goethe'scher Ausspruch, der ganz tief hineinführt in das, was Goethe auf diesem Gebiet erlebte und empfand. Er verwahrte sich einmal dagegen, von der «Idee des Wahren», von der «Idee des Guten», von der «Idee des Schönen» zu sprechen. Er sagte: Es gibt nur *eine* Idee, und die lebt in nichts anderem als in der umfassend wahrgenommenen Geistigkeit, als die Form, in der sie dem Menschen erscheinen kann. Von dieser Idee sagt er, dass sie sich einmal als Wahrheit, einmal als Schönheit, einmal als Güte ausleben kann.

Goethe wollte in den Weltenwurzeln, im Weltenwesen dasjenige begründet haben, was er künstlerisch gestaltete. Er wollte das, was der Künstler gestaltet, nicht nur der freien menschlichen Willkür entsprossen haben, sondern der Mensch als freier Künstler soll zu gleicher Zeit drinstehen im Weltenwesen.

Und so war es, dass nicht nur die Frage nach wahrem Menschentum sich für ihn an der Frage der Kunst entwickelte, sondern auch die andere Frage: Wie waltet das Wesen der Welt im Menschen, wenn er wahrhaft Künstler ist? Wie wirken die Weltgesetze im schöpferischen, im freien künstlerischen Menschen weiter?

Was ich so angeführt habe, das wollte ich hier aussprechen, weil man daraus sieht, wie bei Goethe und Schiller
im Geistesleben der neueren Zeit herauftaucht die ganze Tiefe der Frage nach der Harmonisierung von Wissenschaft, Kunst und Religion im Wesen des Menschen
selbst. Ich glaube, dass gerade derjenige, der sowohl unbefangen wie innig-hingebungsvoll vor Goethes und Schillers Geistesart steht, diese Frage empfinden muss, die Frage nach der Harmonisierung von Wissenschaft, Kunst und
Religion.

Denn diese beiden hervorragenden Geister der Menschheit betrachteten es als eine ihrer wichtigsten Lebensaufga-
ben, zu ergründen, wie das Weltenwesen ein einheitliches
ist, welches Verhältnis der Mensch zu diesem Weltenwesen gewinnt, wenn er erkenntnismäßig tätig ist, wenn er
künstlerisch tätig ist und wenn er in religiösem Wirken
tätig ist.

Die tiefste Anregung zu einer richtigen, zu einer intensiv tiefen Stellung zu dieser Frage kann man aus Goethe
und Schiller schöpfen. Aber zu leugnen wird nicht sein,
dass wir uns in einer Zeitepoche, die so lange hinter Goethe
und Schiller liegt, auf der anderen Seite auch frei demjenigen gegenüberstellen müssen, was ihnen als eine bedeutsame Menschheitsfrage aufgegangen ist.

Und so erschien mir gerade aus einer tiefen, aus einer wirklich hingebungsvollen Betrachtung Goethes und

Schillers die Menschheitsfrage als eine Freiheitsfrage – damals, als ich daranging, meine *Philosophie der Freiheit* zu verfassen.

Es konnte mir nicht einleuchten, dass der Mensch ein wirklich freies Wesen nur ist, indem er im Künstlerischen lebt. Was Schiller geltend macht, das ist allerdings der Fall: dass man beim erkenntnismäßigen Betrachten der Welt der Vernunftnotwendigkeit, also einem geistigen Zwang folgen muss.

Allein etwas anderes liegt vor: Wenn man dieser Vernunftnotwendigkeit folgt, wenn man sich wissenschaftlicher Betrachtung hingibt, dann lebt man in dem, was man von der Natur, von der Welt überhaupt in Ideen erfährt. Mit dem lebt man in Bildern, und man fühlt, dass man nichts in der Natur ergründen kann, wenn man nicht die freie innerlich-menschliche Tätigkeit walten lässt, und dass wenn auch die Naturnotwendigkeit uns zwingt, sie uns nicht zur Tätigkeit zwingen kann, sondern dass man die Tätigkeit frei aufnehmen muss.

Man fühlt das Bildhafte dessen, was Natur und Welt in unserem Inneren sind, man fühlt ganz besonders im Erkennen seine freie Menschennatur. Das wollte ich darstellen in meiner *Philosophie der Freiheit*.

Wenn man dann zu wirklichen Impulsen des moralischen Handelns heraufrückt und wenn diese Impulse des moralischen Handelns *reines Denken* werden, dann lebt der

Mensch wiederum, veranlasst zu seinem Handeln, in Bildern. Wir fühlen die Bildnatur in unserem Erkennen, und bringen wir unsere Moralität an dieselbe Bildnatur heran, dann fühlen wir uns in der Freiheit.

Das ist es auch, wodurch der Mensch in seiner Entwicklung erst in demjenigen Zeitalter zur Freiheit gekommen ist, in dem die Wissenschaft im neueren Sinne heraufgezogen ist.

Erst das Leben in dem, was nicht in die Natur untertaucht, daher auch gegenüber der Natur seine Grenze hat, erst das Leben in der Gedankentätigkeit, in der Bildhaftigkeit, befreit den Menschen von denjenigen Notwendigkeiten, in die er als Naturwesen hineingestellt ist. Dann erst konnte die wissenschaftliche Tätigkeit die Möglichkeit voller innerer Freiheit haben, als es der Mensch zum inneren Bilderleben brachte.

Bildern gegenüber kann man nicht unfrei sein. Man kann, wenn man irgendwelchen anderen Kräften gegenübersteht, zu seinen Handlungen physisch, seelisch oder geistig gestoßen oder gedrängt werden.

Veranschaulichen wir uns, ob wir durch bloße Bilder zu irgendetwas veranlasst werden können. Sie sind kraft- und machtlos. Und so sind unsere Bilder in moralischer Beziehung kraft- und machtlos. Gehen wir also von den bloßen Bildern aus, so sind wir im moralischen Handeln freie Menschen.

Man muss also sagen: Nicht nur im ästhetischen Zustand, sondern auch dann ist der Mensch ein wirklich freies Wesen, wenn er sich mit seiner Moralität zu solchen Höhen heraufhebt, in denen er walten kann, wenn er sich einer wirklich freien Erkenntnistätigkeit hingibt.

So wird es notwendig, die innere Harmonisierung von Erkenntnis, Kunst und Religion im Zeitalter nach Goethe in einer neuen Weise zu suchen.

Und Geisteswissenschaft°, die nicht bloß irgendeine theoretische, abgezogene Weltanschauung sein will, sondern die ein geistiger Inhalt sein will, der auf den ganzen, auf den vollen Menschen wirkt, weil sie dem ganzen vollen Menschen auch entnommen ist und ihm entströmt, Geisteswissenschaft° muss vor allen Dingen darauf bedacht sein, dasjenige, was sie geben kann, in Beziehung zu bringen sowohl zum Erkennen wie zum künstlerischen Schaffen, wie auch zum religiösen Leben.

Dahin aber führt nicht irgendeine Verkünstelung des geisteswissenschaftlichen° Weges, sondern es führt dieser geisteswissenschaftliche° Weg wie selbstverständlich dahin. Und indem man sich auf geisteswissenschaftlichen° Boden stellt, kann man voll im Einklang sein gerade mit der besonderen Art der Fragestellung auf diesem Gebiet, wie sie bei Schiller und Goethe aufgetreten ist.

Sehr verehrte Anwesende! Ich muss da etwas heranziehen, was zu den Elementen geisteswissenschaftlicher° Forschung gehört, was ich aber wenigstens mit einigen Strichen skizzieren möchte, um daran zu zeigen, wie nicht durch irgendein verkünsteltes Ausdenken, sondern in einer ganz selbstverständlichen Weise die Geisteswissenschaft° zu einer Harmonisierung von Erkenntnis, Kunst und Religion kommt.

Wenn man kennzeichnen will, wie Geisteswissenschaft° vorgeht, wird notwendigerweise immer darauf hingewiesen, wie in der Seele schlummernde Erkenntniskräfte, die im gewöhnlichen Leben des Menschen und in der gewöhnlichen Wissenschaft nicht tätig sind, entwickelt werden können durch gewisse intime Seelenübungen. Es wird auch in der mannigfaltigsten Weise über die Bedeutung solcher Seelenübungen für das menschliche Leben gesprochen.

Hier möchte ich nur andeuten, dass diese Seelenübungen in Meditation und Konzentration bestehen, aber in ganz anderer Art, als sie einstmals im Orient gepflegt worden sind.

In solchen Meditationen und Konzentrationen, wo gerade die Gedankenpflege in einer ganz besonderen Weise vorgenommen wird, werden die Gedanken lebendiger, intensiver gemacht. Man kommt durch besondere Übungen dazu, nicht bloß in schattenhaften Gedanken zu leben, wie in der gewöhnlichen Wissenschaft, sondern in solchen erkrafteten Gedanken zu leben, wie man sonst in der äußeren Sinneserfahrung lebt, wo man mit seinen Augen und Ohren den Sinneserlebnissen hingegeben ist.

Darin besteht das Wesen der Meditation, dass man in einer intensiven Weise, wie man niemals sonst im bloßen Denken lebt, dem Vorstellungsleben hingegeben ist. Dadurch werden die Gedanken lebendig. Man fühlt, wie man allmählich loskommt von den physischen Bedingungen des Denkens und lernt, leibfrei zu denken.

Das Denken wird, aber ohne dass es pathologisch wird, innerlich voller, wird intensiver, man kommt zu Bildern. Dasjenige tritt ein, was ich in meinen Schriften das «imaginative Erkennen» genannt habe. Durch dasselbe gelangt man zu den ersten bedeutsamen Ergebnissen geisteswissenschaftlicher° Weltanschauung.

Wenn man in dieser Weise eine Zeit lang sein Denken erkraftet hat, sodass es intensiver und lebendiger geworden ist und jetzt nicht mehr den Körper braucht, um eine Unterstützung zu haben, dann erlebt man nicht mehr in seinen Gedanken ein bloßes Erinnerungstableau, sondern eine Überschau über das Walten von Kräften in uns, die deshalb in uns sind, weil wir ein Erdenmensch sind.

In dieser Anschauung haben wir ein Tableau vor uns, in dem wir das Gedankenleben intensiv geworden sehen, verwandt mit dem geworden, was in uns als Wachstumskräfte wirkt, was selbst als Kräfte des Stoffwechsels in uns wirkt. Wir lernen erkennen, dass außer unserem physischen Leib, der im Raum ist, ein Zeitleib, ein «Bildekräfteleib» in uns ist, der unseren physischen Leib durchdringt und der in im-

36

merwährender Bewegung ist. Wir durchschauen in einem einzigen Tableau diesen Bildekräfteleib.

Und indem wir uns so dazu aufschwingen, das erste Übersinnliche der menschlichen Wesenheit in diesem Bildekräfteleib kennenzulernen, lernen wir ein Denken kennen, das viel lebendiger ist als das gewöhnliche, abstrakte Denken, sodass wir dadurch auch zu einem Miterleben aller derjenigen Realitäten kommen, wo die Zeitgedanken überfließen in das organische Wachstum. Wir sehen hinein in das Walten eines Geistleibes, der uns durchdringt seit unserer Geburt.

Indem wir uns dazu aufschwingen, kommen wir darauf, ganz besonders deutlich auf diejenige Epoche in unserer Menschheitsentwicklung hinzuschauen, die sonst immer außerhalb unseres Bewusstseins liegt.

Im gewöhnlichen Leben erinnern wir uns zurück an unsere frühere Kindheit bis zu einem gewissen Punkt. Von diesem Punkt bis zur Geburt liegt eine Zeit, die uns dem Erdenleben gegenüber ebenso dunkel ist wie die Erlebnisse der Seele im Schlafzustand. Eine Art Schlafzustand gibt sich uns in diesem Zeitraum unseres Lebens kund, rückwärts geschaut von dem Punkt, von dem ab wir uns erinnern, bis zur Geburt.

Diese Epoche unseres Erdenlebens, sie beginnt in ihrer Wesenheit aufzuleuchten vor der imaginativen Erkenntnis, vor diesem Hineinschauen in die geistige Welt. Neben dem, was so als Erkenntnis erlebt wird, dass in uns ein Geistleib, ein Bildekräfteleib waltet, neben diesem bekommt man den großen, gewaltigen Eindruck von dem, was da in uns gewaltet hat in unseren ersten Kinderjahren, seit wir durch die Geburt in die physische Erdenwelt eingetreten sind.

Da haben am intensivsten diejenigen Kräfte gewaltet, die aus der Weisheit der Welt heraus unser Gehirn plastisch so gestalten, dass es ein Werkzeug der Weisheit sein kann. Da haben vom Gehirn nach dem übrigen Organismus hin die plastischen Kräfte gestaltend gewirkt. Indem wir uns zur Erkenntnis des Bildekräfteleibs aufschwingen, erfahren wir, was in den allerersten Kinderjahren gewaltet und gewebt hat und wie alles, was einmal im Menschenleben wirkt, wenn es sich auch für andere Epochen abschwächt, auch später weiter auftritt.

So ist das, was in den ersten Kinderjahren wirkt, in diesen Jahren ganz besonders intensiv auf die Gestaltung des Menschen wirksam. Es ist später auch wirksam, aber dann nur leise, während es in den ersten Kindesjahren kräftig, gewaltig wirksam ist.

Und wir lernen hinschauen auf die Kräfte, die in den ersten Kinderjahren walten, wo der Mensch die Säuglingszeit überwunden hat und noch besonders der Pflege der Außenwelt bedarf. Wir lernen hinschauen, wie er da aus dem ersten Erdenschlaf traumwebend den physischen Menschenorganismus gestaltet. Wir lernen hinschauen auf etwas, was den Eindruck auf uns macht, dass es künstlerisch größer, erhabener ist als alles, was wir an Kunst in der Welt entwickeln können.

Und indem wir darauf hinblicken, lernen wir erkennen, worin das Wesen der künstlerischen Fantasie, auch das Wesen des künstlerischen Genießens besteht. Jetzt erst lernen wir den realen Zusammenhang des späteren Menschenlebens mit dem früheren erkennen, lernen ihn erkennen in dem künstlerischen Schaffen und im künstlerischen Genießen.

In unmittelbarer Anschauung ergibt sich, wenn wir ein Künstlergenie betrachten, dass dieses Genie eben mehr von dieser ersten Kindheitsepoche hereingestrahlt bekommt in das spätere Leben als irgendein unkünstlerischer Mensch. Ebenso bekommt ein Mensch, der besonders gut künstlerisch genießen kann, mehr von diesen Kräften in sein Leben hereingestrahlt als ein abstrakt veranlagter Mensch oder ein Stumpfling.

Wir lernen einen biblischen Spruch in der folgenden Form anzuwenden: Ehe ihr nicht erkennen lernt die Bedeutung des Kindlichen, könnt ihr nicht in das Reich des künstlerischen Erlebens kommen. Es gießt sich in das künstlerische Leben das allererste Leben mit seinen besonderen organischen Kräften aus.

Deshalb fühlt man die Kunst als ein so belebendes Element in der ganzen menschlichen Wesenheit, weil die

Kunst das in uns lebendig macht, was stärkstes Leben im Ausgangspunkt unseres irdischen Daseins ist.

Ganz selbstverständlich ergeben sich die Urkräfte des künstlerischen Wirkens im Menschen, wenn wir in der Geisteswissenschaft° rein erkennend zum ersten Übersinnlichen aufsteigen, zum Bildekräfteleib des Menschen, zur imaginativen Erkenntnis.

Und wenn wir dann zur nächsten Erkenntnisstufe aufsteigen wollen, so müssen wir sie in der folgenden Weise ausbilden.

Die erste, imaginative Stufe bilden wir dadurch aus, dass wir gewisse Vorstellungen meditativ in der Meditation immer wieder und wieder in den Mittelpunkt unseres Vorstellens setzen und dadurch unsere Denkkräfte lebendig machen. Wir müssen aber auch die entgegengesetzte Tätigkeit entfalten.

Wir müssen dazu kommen, Vorstellungen, auf die wir zuerst alle Aufmerksamkeit verwendet haben, sodass sie in einer gewissen Weise in unserem Bewusstsein haften, nun wieder aus dem Bewusstsein fortzuschaffen, sodass wir in die Lage kommen, ein völlig leeres Bewusstsein herzustellen.

Diese Herstellung eines *leeren Bewusstseins* ist der zweite wichtige Akt auf dem Weg zur übersinnlichen Erkenntnis. Wenn wir aber dieses leere Bewusstsein so weit entfaltet haben, dass wir wachend wissen: Wir haben jetzt nichts im Bewusstsein, weder von äußeren Eindrücken, noch von inneren Erinnerungsvorstellungen, wir haben das Bewusstsein vollständig leer gemacht – dann dringt eine geistige Welt, die uns bisher unbekannt war, in dieses Bewusstsein ein.

Wir machen so die Bekanntschaft mit einer geistigen Welt, wie wir durch unsere äußeren Sinne und durch das gewöhnliche Bewusstsein die Bekanntschaft mit der gewöhnlichen Welt machen. Es tritt die «inspirierte Erkenntnis» ein und damit das zweite Ergebnis der geisteswissenschaftlichen° Forschung.

Wir können jetzt auch den ganzen Bildekräfteleib, alles, was dasjenige organisiert, aus dem wir die Empfindung des Künstlerischen gewinnen konnten, wir können es unterdrücken, können ein leeres Bewusstsein herstellen auch gegenüber dem Bildekräfteleib.

Dann aber haben wir vor unserem Seelenauge das Wesen unseres Geistig-Seelischen wie es war, bevor wir durch die Geburt oder durch die Konzeption aus einer geistig-seelischen Welt in die irdische Welt heruntergestiegen sind, bevor wir durch unsere Eltern Fleisch und Blut angenommen haben.

Wir lernen jetzt die Ewigkeit der Menschenseele erkennen – nach der einen Seite hin, nach der Seite der Ungeborenheit. Wir lernen jetzt aber auch erkennen, wenn wir unsere Gefühle und Empfindungen nach dem hinwenden, was sich uns so als Anschauung des ewigen geistig-seelischen Wesens ergibt, wie diese Menschenseele vor ihrem Erdendasein in einer rein geistig-göttlichen Umgebung lebte, wie göttliche Kräfte sie in ihrem Dasein durchstrahlten wie Naturkräfte hier im Erdendasein.

Wie von den Stoffen und Kräften, die wir im Erdendasein aufnehmen, jene Kräfte ausgehen, die wiederum in unserem Organismus leben, so leben die göttlich-geistigen Lichtstrahlen in unserem geistig-seelischen Dasein, bevor wir in das irdische Leben hinunterdringen. Wir sind dort durchdrungen von den göttlichen Kräften, wie wir hier im physischen Erdenleben von Naturkräften durchdrungen sind.

Wir können bei bloßer anthroposophischer Geisteswissenschaft° stehenbleiben – dann kommen wir nicht zum Bildekräfteleib. Wir können aber auch unser Gefühl, unser Herzensleben an das wenden, was uns die Erkenntnis dieses Bildekräfteleibs gibt – dann tritt uns die Lebendigkeit und die ganze menschliche Tragweite dessen entgegen, was in den ersten Jahren unseres Daseins wie ein traumhaftes, wie ein schlafendes Leben uns durchsetzt, was aber an der Gestaltung unseres physischen Leibes wirkt.

Ebenso können wir rein erkenntnismäßig-wissenschaftlich bei der Anschauung des Geistig-Seelischen in uns stehenbleiben, wie es durchdrungen ist von göttlich-geistigen

Kräften vor dem irdischen Dasein. Wir können uns aber diesem Wesen selbst zuwenden, ihm unsere Gefühlswelt zuwenden – dann lernen wir erkennen, was diese Seele damals innerlich erlebte.

Sie erlebte den Drang, mit den göttlich-geistigen Kräften, die sie umgaben, das irdische Dasein zu umfassen. Der Grund, warum die Seele sich nach dem irdischen Leib gesehnt hat, ist, das Göttlich-Geistige mit dem Physischen zu verbinden. Dieser Grund ist kein anderer als der, der im Erdendasein im schattenhaften Nachbild im religiösen Gefühl lebt, in der religiösen Frömmigkeit.

Haben wir religiöse Frömmigkeit, so lassen wir uns vielleicht nicht darauf ein, was Anschauung dieses Seelenhaften ist, bevor es in das irdische Leben heruntergestiegen ist, welches die Gefühls- und Empfindungskräfte sind, wodurch die Seele danach strebte, das Göttlich-Seelische hineinzuleben in das irdische Dasein, das heißt, als sie nach der physischen Verkörperung strebte. Aber wenn wir uns diese Kräfte im nachklingenden Erdenbild denken, so leben sie sich im religiösen Leben aus.

- Wie die *Kunst* ein Hereinstrahlen der Kräfte des *ersten Kindeslebens* in das spätere Leben ist,
- so ist das *religiöse Leben* ein Nachklingen dessen, was die *Seele* zuletzt durchgemacht hat, *bevor sie in das physische Erdenleben* heruntergestiegen ist.

Und so finden wir, wenn wir beim Erkenntnismäßigen stehenbleiben und uns da zur Idee erheben: Solange wir im bloßen Erdenleben verweilen, wo wir unseren Organismus zum Erkennen verwenden müssen, so lange finden wir nur eine Erkenntnis, neben der die Kunst steht, die ästhetisch betrachtet werden kann, und neben der die Religion steht, die theologisch betrachtet werden kann. Wir gelangen aber mit der physischen Erdenwissenschaft nicht zu einem lebendigen Übergang in das künstlerische Fühlen und in das religiöse Leben.

Schwingen wir uns zur geisteswissenschaftlichen° Erkenntnis auf, so haben wir eine wahre wissenschaftliche Erkenntnis, aber diese erhebt sich zur Imagination. Die Imagination kann durchaus rein wissenschaftlich bleiben. Indem sie so bleibt, wird sie nicht künstlerisch. Deshalb braucht sich niemand zu fürchten, dass er, indem er künstlerisch schafft, in Allegorien und Symbole verfällt, wenn er von Geisteswissenschaft° durchdrungen ist. Das würde er tun, wenn er bloß bei «Ideen» stehenbliebe.

Aber Geisteswissenschaft° ist nicht so wie die anderen Wissenschaften, dass sie beim bloßen Ideengehalt stehenbleibt. Sie dringt erlebend weiter vor, von der Betrachtung des Bildekräfteleibs zu dem Erleben der Gesetze desjenigen, was uns in unseren ersten Kindesjahren gestaltet und noch weiter in unser Leben hereinwirkt und wodurch wir uns so befruchtet fühlen für die Fantasie. Es soll da-

44

mit nicht etwas gesagt werden gegen das Elementare des Fantasieschaffens. Aber die Fantasie kann angeregt werden, indem man auf die geschilderte Weise zu Lebensepochen vorrückt, die sich sonst der äußeren Beobachtung entziehen.

Und indem man weiter vorrückt zu dem Erleben der Seele vor ihrem Heruntersteigen in das irdische Dasein, gelangt man dazu, das zu erfühlen, was hier auf der Erde im Nachbild des religiösen Lebens lebt – wenn wir so leben wollen, dass das Leben durch das, was der Gott in uns ist, zugleich etwas Gottgewolltes ist, sodass die Stimmung, das Gottgewollte zu tun, der Nachklang dessen ist, was eine wichtige gottgewollte Tat war, als der Gott noch selbst in der Seele wirkte vor ihrem Niedersteigen in das Erdenleben.

Wenn wir das ganze volle Menschenleben betrachten mit dem ewigen Wesen der Menschenseele, dann finden wir, wie ein selbstverständlicher Übergang da ist von der Wissenschaft in die Kunst und in das Religiöse hinein. Denn das, was da einmal erscheint für die Erkenntnis, es erscheint, wenn man es bis zu den entsprechenden menschlichen Gebieten verfolgt, in der Kunst, es erscheint in der Religion.

Geisteswissenschaft° kann gar nicht anders, als den Menschen, wenn sie ihn in seinem Empfindungs- und Gefühlsvermögen ergreift, künstlerisch anzuregen. Und Geisteswissenschaft° kann nicht anders, wenn sie den Menschen in seinem Willensleben ergreift, als ihn in diesem Willensleben einen Nachklang dessen fühlen zu lassen, wie er sich im Erdendasein an das die Welt gestaltende Göttliche verpflichten wollte und das tun, was gottgewollt ist. Dann wird der Wille zum religiösen Leben angeregt.

Sehr verehrte Anwesende! In den alten Mysterien ist das, was sich später dreigeteilt hat, ausgegangen von einer Einheit.

In den alten Mysterien, in den Weisheitsschulen des grauen Altertums, die die äußere Geschichte kaum kennt, die aber die Geisteswissenschaft° kennenlernt, da war Wissenschaft so geistdurchtränkt, dass in Bezug auf die Menschenseele dieses Geistdurchtränkte so strebte, dass es zugleich Schönheit war. Was der Mensch erkannte, das bildete er dem Stoff ein, er machte seine Weisheit zur Schöpferin des Künstlerischen. Und indem der Mysterienschüler das, was er lernte, in seiner Lebendigkeit als das die Welt durchwaltende Göttlich-Weise empfand, brachte er ihm seine Kultushandlung dar, gestaltete die geheiligte Kunst zum Kultus um.

Wissenschaft, Kunst und Religion waren damals *eine Einheit.* Der Mensch konnte aber nicht in dieser Einheit bleiben: Um des Reichtums des Menschen willen musste die Dreigliederung in Kunst, Wissenschaft und Religion entstehen,

- in der wissenschaftlichen *Gewissheit,*
- in dem künstlerischen *Geschmack,*
- in dem religiösen *Glauben.*

Heute sind wir aber wieder an einem Zeitpunkt angelangt, wo die innere Harmonisierung von Wissenschaft, Kunst und Religion zu einer Frage der hervorragendsten Geister geworden ist. Wir haben es an Goethe und Schiller gesehen. Heute müssen wir wieder zum Zusammenführen desjenigen trachten, was uns in äußerlicher Differenzierung entgegengetreten ist.

Geisteswissenschaft° will nicht dazu beitragen, Religion, Wissenschaft und Kunst, nachdem sie sich einmal geschichtlich differenziert haben, nun etwa wieder chaotisch zusammenzuwerfen. Sie würde dadurch dem vierten König in Goethes Märchen verfallen. Sie will in idealer Trennung Weisheit, die Gabe des goldenen Königs, Schönheit, die Gabe des silbernen Königs, Tugend und Religion, die Gabe des ehernen Königs, ausgestalten. Dann können sie gemeinsam in das Menschenwesen hineinstrahlen.

Wenn der Mensch seine Aufmerksamkeit auf den Gesamtmenschen lenkt, dann wird das, was in ihm lebt als das Gesamtleben und sich insbesondere in den ersten Kinderjahren ausprägt, es wird zur Ernährungsquelle, auch zur Befruchtungsquelle der Kunst. Das aber, was die Seele erlebt hat vor ihrem Herabsteigen auf die Erde, es wird zur Befruchtungsquelle des religiösen Lebens.

Ohne diese drei Gebiete chaotisch miteinander zu vermischen, wird gerade Geisteswissenschaft° in ganz natürlicher Weise den Menschen hinführen können zu Wissenschaft, Kunst und Religion, zu dem Wahren, dem Schönen und dem Guten, indem sie jedes in seiner Eigenart bestehen lässt, aber so auf den Menschen wirkt, dass im menschlichen Leben das, was als Wahrheit gefunden wird, dem Schönen begegnen darf, dem Künstlerischen, und es als unmittelbar verwandt ansprechen, als eine andere Ausprägung des Weltenwesens; und wiederum dem Guten, dem Religiösen entgegentreten darf, und es ebenfalls als eine andere Ausprägung des Weltenwesens ansprechen.

Goethe hat dies, wenn er auch noch nicht auf dem Standpunkt der Geisteswissenschaft° stand, doch ganz besonders gefühlt:

> Wer Wissenschaft und Kunst besitzt,
> Der hat auch Religion;
> Wer beides nicht besitzt,
> Der habe Religion!

So hat Goethe gesprochen, so muss anthroposophische Geisteswissenschaft° heute wieder sprechen. Im Weltensein bilden Religion, Kunst und Wissenschaft drei ineinander organisierte Glieder. Und der Mensch findet sein wahres

Menschentum nur dadurch, dass er bei Aufrechterhaltung der vollen Individualität seine Seele von dem Wesen jeder einzelnen dieser Weltoffenbarungen durchstrahlen lässt.

In ihm finden sie sich aber, wenn er dadurch ein ganzer Mensch wird, in voller innerer Harmonisierung. Und in dieser Harmonisierung von Wissenschaft, Kunst und Religion kann der Mensch seine volle Menschlichkeit, seine menschenwürdige Entwicklung durch alle Daseinsstufen finden.

Zweiter Vortrag

# Anthroposophie als Wissenschaft
## Naturwissenschaft und Religion weitergebracht

*Berlin, 7. März 1922*

Sehr verehrte Anwesende!

Mit ihrem Wissenschaftscharakter ergeht es der Geisteswissenschaft° übel bei unseren Zeitgenossen.

Die *Wissenschaftler* finden, dass diese Geisteswissenschaft° nicht den Charakter dessen hat, was sie als Wissenschaft bezeichnen. Und wiederum die Leute des Glaubens, diejenigen, die vom religiösen Standpunkt aus eine Möglichkeit des Menschen vertreten, Wege zur geistigen Welt zu finden, die bemängeln an der Geisteswissenschaft° gerade diesen wissenschaftlichen Charakter.

Die Wissenschaftler sind gewohnt, dasjenige aufzunehmen, was der sinnlichen Beobachtung zugänglich ist, was durch das Experiment zu erkunden ist, dasjenige verstandesmäßig zu kombinieren, was an Einzelheiten vorliegt, und dann zu Gesetzen aufzusteigen, die den Naturerscheinungen, die sinnlich wahrnehmbar sind, zugrunde liegen.

Wer sich mit der wissenschaftlichen Gewissenhaftigkeit und ernsten inneren Disziplin, die unserer neueren Wissenschaft zugrunde liegen, in die Untersuchung dieses Gebietes hineingefunden hat, der hat vielfach die Meinung in sich aufgenommen, dass exaktes, wirklich wissenschaftliches Beobachten nur möglich ist, wenn es sich an die äußere Sinneswahrnehmung hält und an das, was der Verstand ergründen kann mit den Urteilen, die er über die Sinneswahrnehmung fällt und mit den Schlussfolgerungen, die er daraus zieht.

Diese Art der Forschung hat eine gewisse Sicherheit, einen gewissen Boden an dem, was in seiner Existenz nicht abzuleugnen ist, weil es sich als unabhängig von dem Menschen in dieser Existenz erweist und aus dieser Existenz heraus sich ihm ankündigt.

Man mag glauben, wie das bei vielen philosophisch denkenden Persönlichkeiten der neueren Zeit der Fall ist, dass was die Sinne unmittelbar wahrnehmen, was Inhalt der menschlichen Wahrnehmung ist, durch die Eigentümlichkeit der Sinne bedingt ist, also einen gewissen subjektiven Charakter hat. Aber man ist doch sicher, wenn auch das, was man unmittelbar wahrnimmt, subjektiven Charakter hat, dass für die äußere Beobachtung dennoch ein Objektives für den Menschen zugrunde liegt, das sich dieser Beobachtung darbietet und der Forschung einen sicheren Boden liefert.

Deshalb fühlen sich solche Persönlichkeiten, die geschult sind im exakten Erforschen der äußeren Naturerscheinungen, in dem Augenblick unsicher, wenn dieses Gebiet der äußeren Sinnenwelt verlassen und zu anderen Gebieten aufgestiegen wird. Sie glauben, dass jene innere Gewissheit, die durch Beobachtung und Experiment und durch den an sie gebundenen Verstand verbürgt ist, in dem Moment aufhört, wo man den Boden dieser Sinnenwelt verlässt.

Daher rühren solche Urteile wie das, das Du Bois-Reymond in seiner klassischen Rede *Über die Grenzen des Naturerkennens* gefällt hat, dass Wissenschaft da aufhört, wo das Übersinnliche beginnt. Wer mit dieser Gesinnung an die Geisteswissenschaft° herantritt, wird dieser den wissenschaftlichen Charakter absprechen müssen. Und es ist nur dieser psychologische Untergrund, der sich heute in den weitesten Kreisen auflehnt, wenn von dem Wissenschaftscharakter der Geisteswissenschaft° geredet wird.

Auf der anderen Seite stehen die *Leute des Glaubens.* Sie machen der Geisteswissenschaft° nicht streitig, dass sie das, was sie über die übersinnlichen Welten vorbringt, in Ideen und Begriffe einkleidet, die wissenschaftlichen Charakter tragen, die wenigstens bemüht sind, den wissenschaftlichen Charakter nachzubilden. Aber sie machen der Geisteswissenschaft° ihre Berechtigung gerade deshalb streitig, weil sie nach diesem Wissenschaftscharakter strebt.

Denn sie sagen: Was sich aus übersinnlichen Welten dem Menschen offenbart, das muss sich ihm offenbaren in den intimsten Erlebnissen seiner Seele. Der Mensch muss vor allen Dingen mit Gefühl und Willensneigung zu dem hintendieren, was er aus dem Übersinnlichen empfindet.

Es muss dieses Übersinnliche einen Geheimnischarakter tragen. Gerade wenn man mit seiner fromm-religiös gestimmten Seele vor dem Geheimnis steht, vor dem, was sich nicht der durchschaubaren Idee, dem klaren Begriff ergibt, kann man in sich jene Erhebung ausbilden, jene selbstlose Hingabe, die notwendig ist für den Menschen gegenüber der übersinnlichen Welt.

Und so finden gerade solche Persönlichkeiten, dass Geisteswissenschaft°, weil sie das Übersinnliche in das überschaubare Element des menschlichen Bewusstseins hereinbringen will, dadurch den Menschen beirrt in seiner religiösen Empfindung, in seiner frommen Hingabe. Was sich auf das Religiöse bezieht, das muss einen irrationalen Charakter tragen. Man spricht sogar den Satz aus: Die Religion muss eine Art paradoxen Charakter tragen, sie darf sich nicht in das fügen, was man im wissenschaftlichen Sinne das Begriffliche nennt.

Diesen beiden Auffassungen steht die Geisteswissenschaft° gegenüber. Es ist begreiflich, dass gegenüber den gewohnten Geistesströmungen unserer Zeit, die sich alle in eine der beiden charakterisierten Kategorien einreihen lassen, der wissenschaftliche Charakter der Geisteswissenschaft° unbegreiflich ist, schwer verständlich ist.

Denn Geisteswissenschaft° sucht auf einem anderen Weg, auf wissenschaftliche Art zu dem Übersinnlichen zu kommen, als diejenigen sind, die man gewöhnlich in der Wissenschaft anerkennt. Sie sucht mutig diesen Weg ins Übersinnliche zu gehen bis zu dem Ziel, wo dieses Übersinnliche sich genau in derselben Weise den menschlichen Ideen ergibt, wie sich die äußere Natur für die Naturwissenschaft den menschlichen Ideen ergibt.

So wird es der Geisteswissenschaft° gegenüber den Geistesströmungen unserer Zeit schwer, ihren wissenschaftlichen Charakter zu rechtfertigen.

Nun wird es notwendig sein, um diesen wissenschaftlichen Charakter in der heutigen Auseinandersetzung nach gewissen Seiten hin zu charakterisieren, auf die Methodik der Geisteswissenschaft° einzugehen.

Diese Geisteswissenschaft° fühlt sich in ihrem Ausgangspunkt dann am wohlsten, wenn sie voll stehen kann dort, wohin die naturwissenschaftliche Denkweise unserer Zeit, die naturwissenschaftliche Forschungsart geführt hat. Dilettantismus und Laientum gegenüber der Naturwissenschaft werden vielleicht enthusiastisch berührt sein von der Geisteswissenschaft°, werden aber nicht die tiefste innere Befriedigung darin finden können, weil ihnen Geisteswissenschaft° viel zu sehr im Sinne wissenschaftlicher Denkungsart zu arbeiten scheinen wird.

Geisteswissenschaft° fängt dort an, wo die heute anerkannte Wissenschaft aufhört. Die heute anerkannte Wissenschaft geht von dem äußerlich Gegebenen aus, steigt auf von diesem Gegebenen zu den «Naturgesetze» genannten Ideen über dieses Gegebene.

Wenn wir innerhalb dieser Ideen leben, die wir aus der Natur gewonnen haben, wenn wir sie mit unserem Seelenleben verbinden, dann haben wir eine innere Anschauung über die Natur. Diese innere Anschauung befriedigt uns aus dem Grund, weil wir den Übergang von der einen Idee in die andere klar überschauen können, weil wir innerlich im ganzen Feld unserer Naturideen dasjenige klar überschaubar vor uns haben, was sich uns äußerlich für die Sinnesbeobachtung und für das Experiment in den Einzelheiten darbietet. Und wenn diese Naturwissenschaft bei diesem Erleben der Naturideen angekommen ist, dann fühlt sie sich an ihrem Ende.

Geisteswissenschaft° sucht aber gerade da erst zu beginnen. Sie nimmt das auf, was als Naturideen in die Seele hereingekommen ist, sie schaut hin auf die Seelenverfassung, in die der Mensch sich versetzt hat, der solche Naturideen mit dieser seiner Seele vereinigt hat. Sie schaut darauf hin, in welcher Art der Mensch seine eigene Tätigkeit angewendet hat, sein Seelisches, sein Geistiges in Tätigkeit gebracht hat, während er die Natur erforscht hat, wie er dabei zu seinen Naturideen gekommen ist.

Sie schaut hin auf die Tätigkeit, die der Mensch während des Forschens ausgeübt hat, und sie sucht diese Tätigkeit dann weiterzubilden. Sie sucht mit dem, woran Naturwissenschaft als an ihrem Ende angekommen ist, den Anfang zu machen mit einer inneren seelischen Entwicklung.

Das scheint in das Subjektive hineinzuführen. Durch das, was nun weiter gemacht werden kann, indem die gewonnenen Ideen weiterverarbeitet werden, indem ein inneres Seelenleben als eine Fortsetzung dessen gesucht wird, was in Bezug auf die äußere Natur angewendet wird, glaubt man in das Nur-Subjektive, in das Nur-Persönliche hineinzukommen, für das also auch nur Behauptungen aufgestellt werden können, die einen subjektiven Charakter tragen.

Nun, sehr verehrte Anwesende, für die ersten Schritte, die in dieser Richtung unternommen werden, ist das wohl der Fall.

Aber wer alles verfolgt, was an Einzelheiten für diese inneren Seelenübungen in meinen Schriften *Wie erlangt man Erkenntnisse der höheren Welten?* und *Geheimwissenschaft im Umriß* auseinandergesetzt ist, der wird finden, dass dieses Subjektive nur ein Übergangsstadium ist.

Man kommt zuletzt über das Subjektive hinaus bei einem Objektiven an, bei einem Objektiven, das zwar innerlich subjektiv erlebt wird, das aber in seiner Gewissheit, in seiner Geltung von der menschlichen Subjektivität so unabhängig ist, wie die auch subjektiv erarbeiteten mathematisch-geometrischen Urteile, die in ihrem Wahrheits-charakter von der menschlichen Subjektivität unabhängig sind.

Nur durch den Gang, den die geisteswissenschaftliche° Forscherentwicklung nimmt, gelangt man nicht wie im Mathematischen in ein bloß Formales hinein, sondern man gelangt in ein Gebiet hinein, in dem Geistesinhalte zustande kommen, die sich auf Realitäten beziehen.

Wenn wir in der Mathematik ein Dreieck zeichnen und seine Gesetzmäßigkeit untersuchen, so ist das nur ein innerlich-subjektives Erlebnis, und wir müssen es auf irgendetwas Äußerliches anwenden, was sich der Sinnesbeobachtung ergibt, damit wir von Objektivität sprechen können.

Durch die geisteswissenschaftliche° Methode gelangt man zu ebenso gewissen Inhalten, wie sie in der Mathematik gegeben sind, aber man gelangt zu gleicher Zeit zu Inhalten, die in der wirklich existierenden geistigen Welt ihre Bedeutung und ihre Geltung haben. Das stellt sich heraus, wenn man die Methode schildert, die der geisteswissenschaftliche° Forscher auf das eigene Seelenleben anwendet, um in die übersinnliche Welt einzutreten.

Nun möchte ich gerade mit Bezug auf das heutige Thema, das den Wissenschaftscharakter der Geisteswissenschaft° behandeln soll, von einer Art *historischen Betrachtung* ausgehen, weil aus dieser der Wissenschaftscharakter dessen, was sich gegenwärtig als Geisteswissenschaft° der Menschheitszivilisation einverleiben soll, am besten ersichtlich sein wird.

Wenn man heute von den Methoden spricht, durch die Geisteswissenschaft° in die übersinnlichen Welten eindringen will, so werden viele unserer Zeitgenossen an Methoden erinnert, die für sie ähnlich sind oder die sie für dieselben halten wie die geisteswissenschaftlichen°.

Ich habe gerade in den letzten Wochen über die geisteswissenschaftlichen° Methoden in den verschiedensten Städten zu reden gehabt, und immer wieder hörte man das Urteil: Europa ist nicht geeignet, die Menschen auf die alte asiatische Yogakultur hinzuweisen, auf das alte Yogasystem, wo man durch innere Seelenübungen die Seele vorbereiten will, um etwas anderes zu schauen, als sie im gewöhnlichen Leben und in der gewöhnlichen Wissenschaft zu schauen imstande ist.

Aber die Menschen, die so urteilen, merken nicht, dass ein radikaler Unterschied da ist zwischen dem, was von mir als die geisteswissenschaftlichen° Methoden geschildert wird, und dem, was in orientalischen Weisheitsschulen und Geistesströmungen vorhanden war als Übungen der Seele, um in der Art jener Geistesströmungen zu einer anderen Welt zu kommen, als das gewöhnliche Leben sie darbietet.

Wenn man auf das hinweist, was diese orientalischen Geistesschulen dem Menschen geben wollten, so wird man sogleich darauf aufmerksam, dass der alte orientalische Geistes- und Seelencharakter des Menschen ein anderer war, als derjenige des europäischen Menschen der Gegenwart ist. Man muss in der menschlichen Entwicklung einen Fortgang von einer Form des Seelenlebens zu der anderen sehen.

Wer da glaubt, im Wesentlichen sei die menschliche Seelenverfassung in allen Kulturperioden dieselbe, der irrt sich gewaltig.

Wer sich unbefangen hineinvertieft in die Art, wie die alten Veden oder andere alte Urkunden früherer Zeiten dem Menschen die Weisheit der Welt zu vermitteln suchten, der wird finden, dass diese Art der Vermittlung mit einer ganz anderen Empfänglichkeit im Menschen, mit einer ganz anderen Seelenverfassung rechnete. Geisteswissenschaftliche° Forschung ist in der Lage, darüber Auskunft zu geben, wie sich der Mensch in dieser Beziehung im Laufe seiner Entwicklung geändert hat.

Wenn man sich darein vertieft, was an Ideen über die Weltgeheimnisse zum Beispiel in den Veden entwickelt ist, dann findet man, dass ein gewaltiger Unterschied besteht zwischen dieser Art, die Veden in das Seelenleben aufzunehmen, und derjenigen, die wir heute als unserer Seelenverfassung angemessen empfinden.

Wir fühlen heute die Notwendigkeit, streng umrissene, scharf konturierte Ideen zu haben, Ideen, die einen logischen Charakter tragen, die durchschaubar sind, die das Gefühl nicht unmittelbar, sondern nur mittelbar ansprechen. Wer die Weisheit, die in den Veden den Menschen überliefert worden ist, dem gegenüberstellt, was wir heute unser Wissenschafts- und Weisheitsstreben nennen, der wird die gewaltige Differenz schon herausfinden. Worin ist diese Differenz begründet?

Nun, was man heute gewöhnlich Psychologie nennt, ist nicht in der Lage, auf das innerlich bewegliche, so viele einzelne charakteristische Züge in sich tragende menschliche Seelenleben einzugehen. Deshalb findet man auch heute nicht heraus, womit das Ähnlichkeit hat, was den Menschen an Weisheitsinhalt in den Veden überliefert wird. Man kommt aber zu Klarheit, wenn man nicht mit unseren scharf konturierten Begriffen den Ideengehalt der Veden vergleicht, sondern wenn man sich die folgende Tatsache vor Augen stellt.

Wir denken uns eine Menschenseele, die in dem Übergang lebt vom Schlafzustand zu dem Wachzustand. Wir denken sie uns durchdrungen von einem Trauminhalt. Dieser Trauminhalt kann wunderbar schöne Formen annehmen, kann eine innerliche Dramatik aufzeigen, kann einen Bildcharakter haben, der eine poetische Stimmung in sich trägt.

Gewiss, dieser Trauminhalt darf nicht unmittelbar verglichen werden mit dem wunderbaren Weisheitsgehalt der

Veden. Aber es ist etwas wahr daran, wenn das dichterische Nacherleben der Weltgeheimnisse durch die menschliche Seele von Platon als etwas Traumhaftes empfunden wird.

Verfolgen wir die Seele, die aus dem Schlafzustand heraustritt und beim Übergang in den Wachzustand diese Traumbilder vor sich hat, verfolgen wir ihren Weg weiter: Die Traumbilder lähmen sich allmählich ab, der Mensch nimmt Besitz von seiner Leibesnatur, insbesondere von seiner Willensnatur, denn erst wenn er von seiner vollen Willensnatur Besitz ergriffen hat, verschwindet alles Traumhafte. Dann ist er in der Lage, durch seine Leiblichkeit sich seiner Sinne zu bedienen, dann weiß er sich in Verbindung mit der physischen Außenwelt, dann weiß er den Unterschied zu fassen zwischen der Welt des Traumes und der Welt der Wirklichkeit.

Was ist das Wesentliche bei diesem Übergang aus dem Schlafzustand in den Wachzustand?

Wir können verfolgen, wie der Traum mehr und mehr abdämmert, je mehr die Tagesvorstellungen auftauchen. Die Tagesvorstellungen vertreiben das Traumhafte. Aber kein Mensch wird sich darüber unklar sein, dass es ein wirkliches seelisches Erleben ist, dem wir uns im Traum hingeben, und dass dasjenige von uns, was dann später von seiner Körperlichkeit Besitz ergreift, in diesen Traumbildern drinnen lebt. Die Traumbilder aber entfallen ihm, indem er untertaucht in die Körperlichkeit.

Mit einer feineren Psychologie, als sie unseren Zeitgenossen zur Verfügung steht, kann man das, was ich hier andeute, in allen Einzelheiten verfolgen. Dann wird man herausfinden, wie die Seele aus dem Traumzustand auftaucht, wie sie im Traumzustand nicht in der Lage ist, ihren Leib vollständig zu haben. In demselben Moment, wo sie ihren Leib hat, träumt sie nicht mehr.

Wenn nun geisteswissenschaftliche° Forschung auf diese Tatsache angewendet wird, ergibt sich das Folgende. Geisteswissenschaftliche° Forschung, wie sie heute gemeint sein muss und wie sie der Zivilisation der Gegenwart Rechnung trägt, geht zunächst darauf aus, das menschliche Gedankenleben zu entwickeln, sodass die Gedanken kräftiger, intensiver gemacht werden, als sie in der gewöhnlichen Wissenschaft und im gewöhnlichen Leben sind.

Dieses Kräftigermachen der Gedanken erreicht man durch Meditation und Konzentration. Man gibt sich einem bestimmten Vorstellungsinhalt hin, wendet alle Kraft der Seele auf ihn an. Dadurch erkraftet die Seele so, wie äußerlich ein Muskel erkraftet, wenn er in der Arbeit gebraucht wird.

Das ganze Gedankenleben wird ein anderes. Man fühlt allmählich, wie man nicht mehr in abstrakten Gedanken lebt, die nur durch die Außenwelt angeregt sind, sondern wie man in den Gedanken selbst lebt wie in einem Element, das so lebhaft ist wie sonst nur das Erleben der äußeren

Sinnenwelt. Und indem man immer weiter die Kraft des Denkens entwickelt, wird man schließlich in seinem Denken frei von seiner physischen Organisation.

Man entwickelt eine innere seelische Tätigkeit, die außerhalb des Leibes verläuft. Und jetzt lernt man erst erkennen, was eine innerlich verlaufende Seelentätigkeit ist. Sie verläuft durch diese Übungen im bloßen Denken, aber das Denken ist unabhängig von jeder Leiblichkeit. Man kann es zu einem von aller Leiblichkeit unabhängigen Denken bringen.

Dann aber, wenn man es zu einer solchen inneren Anschaulichkeit im Denken gebracht hat, kann man unterscheiden das, was im Wachleben auftritt, von dem, was für den Menschen vorhanden ist vom Einschlafen bis zum Aufwachen im Schlafzustand. Denn jetzt weiß man durch unmittelbare Anschauung, dass der Mensch im Wachzustand, indem er denkt, sich für die Tätigkeit seines Denkens des Leibes bedienen muss.

Für das wache gewöhnliche Denken ist der Leib die Grundlage. Dasjenige Denken, das wir heute in der Wissenschaft und auch im gewöhnlichen Leben anwenden, ist ein Denken mithilfe des Leibes. In dieser Beziehung sieht gerade geisteswissenschaftliche° Forschung mit Bezug auf das gewöhnliche Denken den Menschen «materialistischer», als es gewöhnlich getan wird.

Aber man lernt noch etwas anderes erkennen, nämlich in welcher Seelenverfassung man ist, wenn man sich dem leibfreien Denken hingibt, das durch Meditation und Konzentration entstanden ist, wenn man also ein denkerisches Erleben in der vom Leib befreiten Seele hat.

Man kann jetzt vergleichen, was man so erlebt, mit dem, was der Schlafzustand ist. Man lernt jetzt erkennen, dass man mit Bezug auf seinen Leib während des erkrafteten, selbstständigen Gedankenlebens ebenso unabhängig ist, wie man sonst im Schlaf unabhängig ist. Nur waltet im Schlaf das schwache Denken, das sich nur mithilfe des Leibes beim Aufwachen innerlich so erleuchten kann, dass es zum Bewusstsein kommt. Daher bleibt das Denken für den Schlafzustand unbewusst, wir sinken während des Schlafes in die Unbewusstheit hinunter.

In einen ganz gleichen Zustand der Leibfreiheit treten wir in der Meditation und Konzentration ein. Jetzt ist aber das Denken so erstarkt, dass nicht Bewusstlosigkeit eintritt, sondern Bewusstseinserfülltheit, sodass man in einem Zustand lebt, der vom Schlafzustand radikal verschieden ist, nämlich in einem bewussten Seelenleben, unabhängig vom Leib.

Jetzt lernt man erst den Charakter des menschlichen Schlafes kennen. Man weiß jetzt, dass die menschliche Seele mit dem Einschlafen aus dem Leib herausgeht, dass sie im gegenwärtigen Entwicklungszustand der Menschheit aber nur solche Gedanken hat, die sich mithilfe des Leibes innerlich bis zur Bewusstheit erleuchten können.

Und indem man sich ganz bewusst dazu aufgeschwungen hat, einen solchen Seelenzustand zu erreichen, der leibfrei ist und eine Inhaltserfülltheit hat, lernt man jetzt diesen Zustand vergleichen mit demjenigen, in dem die Verfasser der Veden waren.

Diese Verfasser der Veden konnten sich nicht eines solchen Denkens bedienen, wie wir es in unserer heutigen Zivilisationsepoche haben. Wir werden zurückgeführt zu einer Seelenverfassung älterer Stufen der Menschheitsentwicklung, in denen es der Mensch als seinen natürlichen Zustand empfand, nicht durch den Leib in scharf konturierten Gedanken sich die Geheimnisse der Welt zu vermitteln, sondern wo er durch einen gewissen Instinkt seine Gedanken erkraften konnte, auch wenn sie sich außerhalb des Leibes entfalteten.

Wir schauen zurück auf Zustände, nicht wie wir sie heute haben, sondern zu traumhaften, dumpfen, aber doch Zuständen, in denen die Menschen das Wichtigste, was sie in ihrem Seelenleben entwickelten, nämlich die Anschauung der Welt, außerhalb ihres Leibes entwickelten. Man bekommt so ein Bild davon, wie die Entwicklung der Menschheit in Bezug auf die Seelenverfassung von älteren Zeiten bis in die heutige Zeit herein war.

Man kann sagen, dass die letzten Reste dieses früheren Zustandes noch bis in die Mitte des Mittelalters, ja bis in den Anfang der neueren Zeit vorhanden waren.

Erst das galileisch-kopernikanische Zeitalter, das die Menschen gelehrt hat, in scharfen, den mathematischen nachgebildeten Begriffen die Welt zu schauen, erst dieses Zeitalter ist fortgeschritten zu einem Leben der Seele im Denken durch den Leib, während man bis zu diesem Zeitalter noch bemerkt, wie in der Seelenverfassung die letzten Reste eines leibfreien Erkennens da sind.

Je mehr man zurückgeht in ältere Zeiten, desto mehr findet man ein solches leibfreies Erkennen. Das konnte sich nur äußern in solchen Seelenbildern, die dem Traum ähnlich sind.

Es war ein Herübergehen der Menschen aus diesem leibfreien in denjenigen Zustand, in dem sie sich des Leibes bedienen und das entwickeln, was jenem Hereinschauen in die geistige Welt entspricht.

Auf solche Zeiten müssen wir zurückschauen, wenn wir das verstehen wollen, was uns in der älteren Literatur über den Weisheitsgehalt der Welt mitgeteilt wird. Wir dürfen diesen Weisheitsgehalt der Welt nicht unmittelbar mit unserer Begriffswelt kritisieren, denn dann zerstören wir ihn und können ihn gerade dadurch nicht in seinem Wahrheitsgehalt erkennen.

Wenn wir uns aber in diese älteren Zeiten zurückversetzen wie auch in das, wodurch diese älteren Menschen über ihr gewöhnliches Anschauen hinauskommen wollten, dann wird uns vieles verständlich werden. Für diese

Menschen war das Alltägliche nicht unsere Wissenschaft, sondern das, was sie in ihren Bildern, in ihren instinktiven Imaginationen schauten. Das brauchten sie nicht durch besondere Übungen erst zu erreichen. Für sie musste die Aufgabe, sich weiterzuentwickeln, in etwas anderem bestehen als für uns.

Wenn wir uns mit dieser Erkenntnis auf das einlassen, was uns überliefert ist, und besonders auch die Yogaübungen des Ostens° betrachten, so müssen wir sagen: Alle diese Yogaübungen zielten darauf hin, aus der Erkenntnisweise in einem leibfreien Zustand eine solche Erkenntnisweise zu erringen, die sich des Leibes als Werkzeug bedient!

Sonderbar klingt das, und dennoch, einer unbefangenen Beobachtung stellt es sich so dar. Die ältere Menschheit suchte gerade das als ihr Ziel zu erreichen, was uns in der Alltäglichkeit gegeben ist. Ihnen war das scharf konturierte Denken, das wir in der Naturwissenschaft mit solchem Triumph anwenden, nicht gegeben, sie suchten es durch ihre Übungen zu erreichen.

Wenn wir uns auf die systematisch gut durchgeführten Yoga-Atmungsübungen einlassen, bei denen die sich ihnen hingebenden Persönlichkeiten nicht in der gewöhnlichen Weise den Atmungsprozess verrichteten, sondern in einer abnormen, aber doch gesetzmäßigen Art, so sehen wir, dass sie darauf angelegt waren, dass man mit dem, worin man in einem leibfreien Zustand der Seele war, den menschlichen Leib zu ergreifen suchte. Was uns wie geschenkt ist, das strebten diese Menschen durch ihre Yogaübungen an. Wir sehen überall, wie sie sich bemühen, so zu denken, dass der Leib das Werkzeug des Denkens wird.

So wirken auf den, der diesen Tatbestand voll durchschaut, die alten bis heute erhaltenen Yogaübungen so, dass er sieht: Diese Menschen haben den Geisteszustand angestrebt, der uns zum Teil angeboren, zum Teil anerzogen ist seit unserer Kindheit.

Nun kann die Frage entstehen: Aber ein solcher Yogaschüler hat doch durch seine Yogaübungen die Geheimnisse der Welt für sein Empfinden erkundet, hat sich in wunderbare Welten eingelebt. Wenn man aber sieht, was sie als die von ihnen empfangenen Offenbarungen schildern, so bekommt man bald den Begriff: Was sie erlebt haben, das unterscheidet sich ganz beträchtlich von dem, was wir heute mit unseren abstrakten Gedanken anstreben.

Hier liegt eine wichtige psychologische Tatsache vor, die ins Auge gefasst werden muss: Was dem Menschen ein Höchstes bieten kann in seinem Verhältnis zur Welt, das ergibt sich gerade aus dem Üben, aus dem Streben, aus der innerlichen Arbeit, nicht aus dem fertigen Zustand.

Die Yogaschüler mussten sich mit innerlichen Seelenüberwindungen das Anschauen erobern, das uns als ein Fertiges gegeben ist. Nur während dieses Ringens und durch dieses Ringen lebt man sich in die tieferen Geheimnisse der Welt ein. Ist das, was sonst errungen wird, angeboren oder anerzogen, nimmt man es als etwas Selbstverständliches auf, dann bietet es auch das Selbstverständliche der Umgebung dar. Man lebt sich nicht mehr in die Weltgeheimnisse hinein, man durchschaut einfach die Welt in der Umgebung je nach seiner Organisation.

Daher hat für uns, die wir auf dem Horizont stehen, zu dem sich die Yogaschüler erst aufschwingen mussten, das Anschauen der tieferen Weltgeheimnisse aufgehört, die die Yogaschüler angestrebt haben. Und heute fühlen wir die Notwendigkeit, das Üben weiter fortzusetzen, es auf einer anderen Stufe fortzusetzen: den Ausgangspunkt dort zu nehmen, wo die Yogaschüler aufgehört haben.

Der Anfang der Yogaschulung war traumhaft, instinktiv-bildhaft. Aber gerade zu dem, was wir heute als den eigentlichen Geist der Wissenschaft empfinden, suchte sich der Yogaschüler heranzuentwickeln. Wir müssen heute, weil der Geist der Wissenschaftlichkeit jetzt der natürliche Zustand der Zivilisation ist, von diesem Zustand unserer Seelenverfassung ausgehen und ihn weiterentwickeln:

- Der *Yogaschüler* hat sich *bis zu unserer Art* des Denkens heranentwickelt;
- *wir müssen* uns von unserer Art des Denkens *weiter* fortentwickeln.

Der Yogaschüler legte alle seine Übungen daraufhin an, dass er das Denken in seine Seelentätigkeit hereinbekam. Wenn ich heute Übungen zu schildern habe, die zwecks Erreichung höherer Erkenntnis gemacht werden sollen, so sage ich: Diese Übungen müssen darauf gerichtet sein, das Denken zu erkraften, es heraufzuheben – jetzt nicht bloß zur unbewussten Imagination, die dem Altertum angehörte, sondern zum bewussten Freisein von der Leiblichkeit.

Wir müssen wieder frei werden von der Leiblichkeit, während der Yogaschüler gerade in die Leiblichkeit hineinstrebte. Wir machen also in gewisser Beziehung den entgegengesetzten Gang durch.

Dann aber muss ich diesen Gang so schildern: Dieses Üben muss danach streben, eine solche Lebendigkeit der Seele zu entwickeln, wie wir sie sonst im Erleben der äußeren Sinneswahrnehmung haben.

In den Sinneswahrnehmungen stehen wir in einer gewissen Unabhängigkeit von unserer Körperlichkeit. Die Sinne sind eingeschaltet in unsere Körperlichkeit, nur relativ sind wir von ihr in unseren Sinneswahrnehmungen abhängig. Erst in unserem Denken nehmen wir voll in unsere Leiblichkeit herein, was sich uns von der Außenwelt offenbart.

Wenn wir von diesem Denken aus, das der Yogaschüler erst anstrebte, uns weiterentwickeln, so kommt es darauf an, dieses Denken selbst zu unterdrücken und den Zustand herbeizuführen, der ähnlich ist dem sinnlichen Wahrnehmen, das nicht in Gedanken aufgeht, sondern das die Gedanken zurücklässt im physischen Leib.

Das Wesentliche der für die geisteswissenschaftliche° Forschung unternommenen Übungen ist, dieses Denken wiederum zu überwinden, sich zu einem Zustand zu erheben, der dem Menschen ein Leben in einer zweiten Persönlichkeit gibt, aber so, dass diese zweite Persönlichkeit das intensive, das erstarkte, bildmäßig gewordene Denken hat und dass voll bewusst die gewöhnliche Persönlichkeit mit dem gesunden Menschenverstand zurückbleibt, mit dem gesunden an den physischen Leib gebundenen Denken.

So muss der, der im heutigen Sinne eine übersinnliche Erkenntnis in unmittelbarem Erleben anstrebt, nach dieser *Zweigliederung seiner Persönlichkeit* hinstreben.

Geisteswissenschaft° ist nicht zu verwechseln mit all dem, was irgendwelche krankhaften Zustände sind. Im Halluzinatorischen, im Visionären geht die Persönlichkeit in den Halluzinationen, in der Welt der Visionen unter. Bei der geisteswissenschaftlichen° Forschung bleibt die Persönlichkeit bestehen, und das leibgebundene, gewöhnliche Denken lebt weiter fort.

Diejenigen Persönlichkeiten, die in die höheren Welten eintreten, leben sich mit dem entwickelten, metamorphosierten Denken in diese höheren Welten hinein. Dadurch ist der geisteswissenschaftliche° Forscher immer in der Lage, dasjenige, was er schaut in den höheren Welten, mit seiner gewöhnlichen Persönlichkeit streng kritisch zu verfolgen.

Sehr verehrte Anwesende! Das ist gerade das Wesentliche, worauf es ankommt: Wir haben es im Laufe der Entwicklung dahin gebracht, dass wir wissenschaftlich in unserem Sinne zu urteilen vermögen, wir haben uns dazu erzogen, diese wissenschaftliche Methode an der Naturbeobachtung und am Experiment auszubilden. Wir kennen die Seelenverfassung, in der man sich befindet, wenn die Methoden in dem Sinne ausgebildet sind, den man heute «exakt» nennt.

Diese Ausbildung macht nun zu seiner Voraussetzung der geisteswissenschaftliche° Forschungsweg. Das, was vermöge dieser Ausbildung in der menschlichen Persönlichkeit ist, der wissenschaftliche Charakter der Seelenverfassung, wird nicht verlassen. Diese wissenschaftliche Persönlichkeit steht da, kritisiert, kontrolliert aus ihren wissenschaftlichen Begriffen heraus dasjenige, was das andere Glied der Persönlichkeit erschaut, das in die übersinnliche Welt eingetreten ist.

Auf der einen Seite ist die äußere Sinneswahrnehmung. Die Naturwissenschaft wendet sich an sie, sie sucht die Naturgesetze, sie sucht das, was äußerlich den Sinnen erscheint, innerlich nachzuerleben in den Naturideen, die die Naturgesetze zu ihrem Inhalt haben.

In der Seelenverfassung, die sich daraus ergibt, steht der geisteswissenschaftliche° Forscher da. Indem die Naturideen gebildet werden an der Natur, sind wir wissenschaftlich befriedigt durch den Charakter, den diese Ideenwelt trägt. Das wissenschaftliche Überzeugtsein ist ein inneres Erlebnis. Nicht die Außenwelt, nicht die Natur sagt uns, was wissenschaftlich ist, sondern unsere eigene Methodik sagt uns, was wissenschaftlich ist.

Wie wir mit unserem gewöhnlichen Denken aus den Sinneswahrnehmungen heraus diesen Ideen einen Inhalt geben, so geben wir mit dem höheren Schauen aus dem erkrafteten Denken heraus den Ideen einen übersinnlichen Inhalt.

Es ist kein anderer Denkinhalt, es ist keine andere Logik, es ist keine andere wissenschaftliche Methode, die in der gewöhnlichen Naturwissenschaft waltet und die in dem waltet, was vom geisteswissenschaftlichen° Forscher übersinnlich geschaut wird und der naturwissenschaftlichen Seelenverfassung zur Schilderung übergeben wird. Das ist der innere Zusammenhang.

Die Yogaschulung hat als ihr letztes Ziel den Geist der Wissenschaft angestrebt, wir haben ihn im Zeitalter des Galilei und Kopernikus an der äußeren Natur ausgebildet. Wir führen ihn weiter zur bewussten inneren Anschauung, aber wir verleugnen ihn nicht. Wir prüfen das, was im höheren Sinne in der übersinnlichen Welt geschaut wird, durch dieselben Ideen, mit denen wir das prüfen, was durch die Augen, Ohren und die anderen Sinne im äußeren Experiment ergründet werden kann.

Nach Wissenschaft hat die Menschheit in ihrer Entwicklung gestrebt. Was Wissenschaft geworden ist, das ist zu einer menschlichen Seelenverfassung geworden. Diese Seelenverfassung wird bewahrt, indem durch Geisteswissenschaft° hinaufgestrebt wird in die übersinnliche Welt.

Nun ist aber das Entwickeln der Gedanken nur der eine Teil dessen, was innerhalb der geisteswissenschaftlichen° Schulung angestrebt wird. In dem vorigen Vortrag habe ich schon angedeutet, dass wir durch dieses Erkraften der Gedanken in Meditation und Konzentration zu der Anschauung des Geistig-Seelischen der menschlichen Wesenheit kommen, wie sie vor der Geburt oder vor der Empfängnis in einer geistig-seelischen Welt war.

Zu dem Ewigen der Menschenseele im vorgeburtlichen Dasein schwingt man sich auf durch das Weiterentwickeln der Gedanken, wie sie in der gewöhnlichen Wissenschaft vorhanden sind. Zu dieser Gedankenentwicklung müssen aber, wenn die geisteswissenschaftliche° Forschung eine vollständige sein soll, noch *Willensübungen* hinzutreten.

Zur Ausbildung des Willens ist vor allem notwendig, dass wir den Willen, insofern er in das Denken hineinragt, auf eine höhere Stufe bringen, als er im gewöhnlichen

Leben ist. Dazu ist eine gute Übung die, die ich als «Rück-wärtsvorstellen» bezeichne, so zum Beispiel, wenn wir unser tägliches Leben des Abends rückwärts anschauen, möglichst in Bildern, damit eine andere Kraft entwickelt wird, als sie in den Gedanken enthalten ist.

Wenn wir rückwärts verlaufend unser Tagesleben vor der Seele vorbeiziehen lassen bis in die Einzelheiten hinein – wenn wir zum Beispiel eine Treppe herabgehen, würden wir es uns bei diesem Rückwärtsvorstellen so vorstellen, dass wir rückwärts von der untersten Stufe anfangen bis hinauf zu der obersten –, wenn wir uns so gewöhnen, dem Lauf der Ereignisse entgegenzudenken, dann müssen wir den Willen anstrengen, die Ereignisse anders vorzustellen, als sie gewöhnlich verlaufen. Wir können in dieser Weise auch eine Melodie rückwärts empfinden oder uns ein Drama rückwärts vorstellen.

Dadurch entwickeln wir den Willen zu einer größeren Stärke, als er gewöhnlich hat. Wir können solchen Übungen dadurch zu Hilfe kommen, dass wir noch andere Willensübungen machen.

Im gewöhnlichen Leben schreiten wir von Metamorphose zu Metamorphose vor. Aber es sind die Verhältnisse, denen wir uns hingeben, die aus uns einen anderen Menschen machen. Nimmt man aber seine Entwicklung selbst in die Hand, versucht man zum Beispiel Gewohnheiten, die man hat, sich abzugewöhnen, versucht man etwas sich anzugewöhnen, was vielleicht Jahre in Anspruch nimmt, und dieses Streben zu seiner Charaktereigenschaft zu machen, indem man es in den Willen aufnimmt, versucht man, nach streng umrissenem Ziele seine Entwicklung in die Hand zu nehmen, dann wird dadurch der Wille verstärkt. Man erlangt in Bezug auf übersinnliches Schauen etwas nach der anderen Richtung hin als nach der Gedankenrichtung. Das will ich durch einen Vergleich zum Ausdruck bringen.

Nehmen wir das menschliche Auge. Dadurch, dass es durchsichtig ist und nicht seine eigene Materialität zur Geltung bringt, sind wir in der Lage, durch das Auge zu sehen. In dem Augenblick, wo es durch Starkrankheit seine eigene Stofflichkeit zur Geltung bringt, sehen wir nicht mehr. Das Auge muss «selbstlos» in den menschlichen Organismus eingefügt sein, wenn es zum Sehen dienen soll.

Nun will ich nicht behaupten, dass der menschliche Organismus im gewöhnlichen Leben krank ist. Aber für das übersinnliche Schauen ist er ebenso wenig geeignet, wie ein starkrankes Auge für das gewöhnliche Schauen.

Durch die Willensübungen wird unser Organismus seelisch durchsichtig. Gewöhnlich ist der Leib seelisch undurchsichtig, wir tragen ihn an uns, wir leben mit unserem Willen in seiner Materialität. Durch die Willensübungen wird er seelisch-geistig durchsichtig, er wird wie ein Sinnesorgan. Wir lernen durch ihn geistig-seelisch schauen, wie wir physisch durch das durchsichtige Auge schauen.

Wenn wir so durch unseren durchsichtig gewordenen Leib schauen, stehen wir in einer geistigen Welt drinnen. Wir sind fortgeschritten von der Imagination zur Inspiration, zum wirklichen Drinstehen in einer geistig-seelischen Welt. Wir lernen in der geistig-seelischen Welt so drinstehen mit unserer Seele, wie wir in der physischen Welt sonst mit unserer Organisation stehen.

Da ergibt sich, dass wir nun im Bild etwas erleben, was wir sonst im Tod erleben. Im Tod wird der Leib abgeworfen, das Geistig-Seelische lebt fort. Dass das eine Wahrheit ist, drückt sich im Bild für dieses leibfreie Wollen, das heißt für das Drinstehen in der geistigen Welt so aus, wie sich durch einen Gedanken dasjenige ausdrückt, was für unsere sinnliche Umwelt gilt.

Wir kommen so zu der anderen Seite der menschlichen Unsterblichkeit, wir fügen zu dem Ungeborensein das Unsterblichsein hinzu. Der geisteswissenschaftliche° Forscher steigt so zu einer wirklichen Anschauung der Unsterblichkeit auf.

Aber wenn man zu dieser Anschauung kommt, lernt man in einer feineren Psychologie auch den anderen Seelenzustand des gewöhnlichen Lebens in der richtigen Weise bewerten.

Was im Aufwachen als Tatsache des Seelenlebens vorhanden ist, das lernt man erkennen durch das erkraftete Denken. Deshalb habe ich auch als Beispiel das Erwachen der Seele durch die Traumwelt in den Wachzustand herüber angeführt und daran die Festigung, die Erkraftung des Denkens angeknüpft.

Wenn wir aber Willensübungen machen, dadurch in der geistigen Welt drinstehen und das Bild unserer leibfreien Seele nach dem Tod gewinnen, dann lernen wir auch für das gewöhnliche Leben den Moment des Einschlafens genauer kennen.

Zunächst erleben wir das Einschlafen so, dass die scharf umrissenen Ideen, die während des Tagwachens unsere Seele durchziehen, allmählich dunkler und dunkler werden. Jetzt wissen wir: Indem wir durch die Pforte des Schlafes gehen, wird unser Bewusstsein nicht abgetötet, sondern nur abgelähmt. Und indem wir lernen, auch im erkrafteten Willen zu leben, können wir jetzt auch den Zustand betrachten, in dem die Seele ist, wenn sie nach dem Einschlafen in die geistige Welt hineingegangen ist.

Da erfahren wir, wie die Seele sich immer mehr und mehr hineinlebt in eine Gesamtempfindung über die Welt, wie beim Einschlafen ganz besonders dasjenige ergriffen wird, was dem Bildcharakter des Träumens entgegengesetzt ist:

- *Beim Aufwachen* ist die Seele mehr geneigt, in Traumvorstellungen das auszudrücken, *was sie selbst erlebt* hat während des Schlafes;

- *beim Einschlafen* wird auch in eine Art Traum umgesetzt, was sich von den Tagesvorstellungen abdämpft, aber man geht über zu einem allgemeinen *Erleben des Weltgeistes.*

Es werden beim Aufwachen im Bildcharakter mehr die Gedanken ergriffen, wogegen beim Einschlafen mehr die Gefühle und namentlich der hingebungsvolle Wille ergriffen werden.

Man lernt jetzt erkennen, lernt psychologisch erkennen den Übergang der Seele, wie sie ihn beim Einschlafen durchlebt, vom Erleben des eigenen Ich zum Hingegebensein an die Welt in Empfindung und Wille.

Man lernt erkennen, was die Gedanken ablähmt, was sie dämpft, andererseits aber auch, was die anderen Seelenkräfte in der Welt aufgehen lässt, was dann, wenn es in einer Art Bewusstseinszustand erlebt wird während des Wachens, denjenigen Zustand darstellt, in welchem die fromme Seele ist, die hingegeben ist an das Göttliche, das die Welt durchsetzt.

Man lernt durch geisteswissenschaftliche° Forschung sowohl den Zustand kennen, wo der Mensch nach den Gedanken hinstrebt, wie auch denjenigen, wo er von den Gedanken hinwegstrebt. Man lernt beide Zustände auf einer höheren Stufe durchschauen.

Man lernt erkennen, dass der Mensch so lebt, dass er sich einmal aus dem All herausbewegt zum Gebrauch seines Leibes, dass er sich dann wieder dem All zubewegt, wenn er seinen Leib wieder verlässt. Die Zustände, die davon dann ins Bewusstsein herübergenommen werden, sind die Zustände

- des alltäglichen *Wissens* und
- des alltäglichen *Frommseins*.

Aber diese Zustände werden im übersinnlichen Anschauen, das durch geisteswissenschaftliche° Schulung erreicht wird, auf eine höhere Stufe hinaufgehoben.

Es wird der Seele nicht der wissenschaftliche Charakter genommen, indem durch geisteswissenschaftliche° Schulung der Weg in die übersinnlichen Welten angetreten wird. Denn was man sich errungen hat als jene Seelenverfassung, die bei der wissenschaftlichen Überzeugung vorhanden ist, das wird hinaufgetragen, wenn man zu ergründen versucht, was die zweite Persönlichkeit in der übersinnlichen Welt erschaut.

Andererseits aber wird das, wohinein sich die Seele selbstlos fügen will, wohinein sie untertauchen will, es wird in die Ideen hineinverwoben. Das verliert durchaus nicht seine Majestät, das verliert durchaus nicht dadurch, dass es aus dem Geheimnis herausgebracht und zur intimen inneren Anschauung gebracht wird, den Charakter seiner Heiligkeit, durch den es uns mit Frommheit, mit Ehrfurcht zu ihm aufschauen lässt.

Durch die Art, wie Geisteswissenschaft° das Geheimnis als überschaubar in der Seele walten lässt, wird all dem sein Heiligkeitscharakter nicht genommen.

Und so versucht Geisteswissenschaft° die Wissenschaftlichkeit im Erkennen festzuhalten, sie nicht nur auf die Objekte des gewöhnlichen Lebens anzuwenden, sondern auch im Erkennen des Übersinnlichen die Wissenschaftlichkeit festzuhalten.

So wenig der Natur, wenn wir sie in der richtigen Weise erkennen, durch die Hingebung an ihre Schönheit und an ihre majestätische Eigentümlichkeit etwas genommen wird, so wenig wird dem, was übersinnlicher Gehalt ist, etwas genommen, wenn es in seiner wahren Gestalt heruntergeholt wird in das unmittelbare menschliche Erleben.

So ist es, dass man nicht durch Definitionen oder durch logische Erörterungen über die Kriterien der Wissenschaftlichkeit sich von dem Wissenschaftscharakter der Geisteswissenschaft° überzeugen kann. Vielmehr durch das Sichhineinleben in den Gang der geisteswissenschaftlichen° Forschung muss der, der ihn nachdenkt, sich davon überzeugen, dass hier wirkliche Wissenschaftlichkeit vorhanden ist, und zwar eine solche, die nicht verhindert, dass das Übersinnliche wiederum einen religiösen Charakter annehmen kann.

Und so möchte man sagen: Geisteswissenschaft° hat den Mut, mit wissenschaftlicher Exaktheit, mit wissenschaftlicher Gesinnung und Methode da fortzuschreiten, wo der Boden der äußeren Sinnlichkeit nicht mehr vorhanden ist.

Wer einwendet: Dann ist dort überhaupt kein Boden mehr vorhanden!, der gleicht dem, der etwa Folgendes sagen würde: Wenn wir auf der Erde leben, wird ein Stein von der Erde angezogen und er fällt so lange, bis er auf ihr ruhen kann. So werden alle Dinge von der Erde angezogen und müssen zuletzt auf dem Erdboden ruhen.

Das ist wahr, solange wir uns im Umkreis des Planeten bewegen. In dem Augenblick aber, wo wir von den Verhältnissen auf unserer Erde zu den Verhältnissen in unserem Planetensystem aufsteigen, haben wir es mit etwas anderem zu tun. Da tragen sich die Planeten gegenseitig, und es bedarf für sie keines besonderen Bodens als Unterlage. Wer da sagen wollte, es müsste ein besonderer Weltboden da sein, damit die Planeten nicht in die Tiefe fallen, der würde etwas Törichtes reden.

So auch hier: Wenn man von dem, was die äußere Wissenschaft darbietet, sich mit derselben Exaktheit, die sie hat, zu dem geisteswissenschaftlichen° Forschungsgebiet erhebt, so tragen sich da die Dinge gegenseitig. Da entsteht durch das gegenseitige Sichtragen der Einzelwahrheiten die Gesamtheit der übersinnlichen Wissenschaft, die Gesamtheit der Geisteswissenschaft°.

So hat Geisteswissenschaft° den Mut, die Wissenschaft vom Sinnlichen zum Übersinnlichen weiterzubilden, und sie sieht darauf, dass der Wissenschaftscharakter nicht verloren geht.

Aber sie ist auch nicht so kleinmütig, dass sie meint, das Geheimnis müsse unbedingt walten über dem, was übersinnliche Welt ist, damit der Mensch seine Frömmigkeit behalte. Nein, Geisteswissenschaft° hat den Mut, sich dazu zu bekennen, dass das Große nicht dadurch seine Größe für den Menschen hat, dass es ihm unbekannt ist, sondern es bewahrt seine Größe, auch wenn es bekannt ist. Und durch die Bekanntheit mit dem, was religiöser Inhalt ist, darf die Religion nicht als herabgemindert gedacht werden.

So sucht sich Geisteswissenschaft° zu rechtfertigen gegenüber den beiden Vorwürfen, die ich im Eingang der heutigen Betrachtung charakterisiert habe. Denn sie sucht unter voller Beachtung der Wissenschaftlichkeit erkennend in die übersinnliche Welt hineinzudringen, und sie sucht auch den Mut zu entwickeln, das Übersinnliche herunterzutragen in das menschliche Herz.

Es ist dieses Übersinnliche groß genug, dass es das menschliche Herz so füllen kann, dass dieses Herz sich noch immer in wahrer Frömmigkeit entwickeln kann, auch wenn das Geheimnis offenbar wird.

Dritter Vortrag

# Geisteswissenschaft als Leben
## Wie das Studium zur Lebenspraxis wird

*Berlin, 9. März 1922*

Sehr verehrte Anwesende!

Wenn von dem Verhältnis der Geisteswissenschaft° zum Leben des Menschen gesprochen werden soll, muss immer wieder darauf aufmerksam gemacht werden, wie einerseits diese Weltanschauungsrichtung zu ihren Ergebnissen kommt und wie andererseits diese Ergebnisse durch den Menschen aufgenommen werden können.

Zu ihren Ergebnissen gelangt Geisteswissenschaft° dadurch, dass der geisteswissenschaftliche° Forscher bei sich Seelenübungen vorausgehen lässt, die ihn dazu bringen, mit seinen Seelenkräften sich unabhängig von den Bedingungen der physischen Leiblichkeit zu bewegen, sodass er in denjenigen Zustand kommt, den man als ein Leben der Seele außerhalb des menschlichen Leibes bezeichnen kann.

Aber wenn nach solchen Vorbereitungen des geisteswissenschaftlichen° Forschers der Inhalt der höheren Welten erschaut wird und Ergebnisse vorliegen, dann kann jeder

Mensch mit dem gesunden Menschenverstand diese Ergebnisse begreifen und sie sich auch aneignen. Und von dem möchte ich heute sprechen:

> was für den Menschen Geisteswissenschaft° werden kann durch das Sichaneignen geisteswissenschaftlicher° Ergebnisse mit dem gesunden Menschenverstand.

Was der geisteswissenschaftliche° Forscher selbst hat, indem er in die übersinnlichen Welten hinaufdringt, davon brauche ich nicht zu sprechen. Denn denen, die auch nur ein wenig den Weg betreten, der in diese Welten führt, braucht nicht gesagt zu werden, was sie in der Anschauung dieser Welten haben. Man muss aber ausgehen von der Betrachtung des Weges in die übersinnlichen Welten, wenn man verstehen will, was der Mensch gewinnt, der sich mit dem gesunden Menschenverstand die Ergebnisse aneignet.

Es sind im Wesentlichen *drei Stufen innerer Seelenübungen,* auf denen der geisteswissenschaftliche° Forscher zu seinem Ziel gelangt. Und ich werde heute dasjenige nur ganz kurz erwähnen, was schon in den vorangegangenen Vorträgen der letzten Tage besprochen worden ist.

Die erste Stufe dieser Seelenübungen besteht darin, dass durch ein gewisses Üben der Denkkraft diese zum Erstarken gebracht wird, intensiver gemacht wird, als sie im gewöhnlichen Leben und in der gewöhnlichen Wissenschaft ist. Durch dieses Erstarken der Denkkraft gelangt der Mensch zu dem, was ich das imaginative Denken, das imaginative Vorstellen nenne.

Man gelangt hinaus über die Blassheit, über die Abstraktheit der gewöhnlichen Gedanken. Man gelangt zu Gedanken, die in Bilder verwandelt werden, in denen man aber ebenso lebendig drin ist, wie man sonst in dem Erleben einer äußeren Sinneswahrnehmung drin ist. Man gelangt durch solche Übungen zu einer gewissen inneren Beweglichkeit des Denkens, zu der Befreiung des Denkens von der physischen Leiblichkeit des Menschen, an die sonst das gewöhnliche Denken gebunden ist.

Wenn der Geistesforscher diese Übungen in dem Grad absolviert hat, wie es für seine besondere Anlage notwendig ist, so kommt er dazu, wie in einem umfassenden Tableau sein bisheriges Erdenleben seit der Geburt zu überschauen. Aber diese Überschau ist eine aktive innere Betätigung, sie ist nicht ein bloßes Erinnern. Diese Überschau ist ein «Erinnern» desjenigen, was in unserem Organismus gearbeitet hat, gekraftet hat seit unserer Geburt.

Die Gedanken sind intensiver, bildhafter geworden. Damit sind sie zugleich etwas anderes geworden als die gewöhnlichen abstrakten Gedanken, die wir in der Seele tragen. Wir haben uns mit Gedanken verbunden, die Kräfte sind, und zwar dieselben Kräfte sind, die unser Gehirn ausgestalten, wenn wir noch ein ganz kleines Kind sind, die uns durchdringen und durchkraften, bis wir ein ausgewachsener Mensch sind. So erleben wir die Lebenskräfte in diesem erkrafteten Denken. Dadurch schauen wir uns in unserem inneren Werden als Erdenmensch seit unserer Geburt an.

Wenn man es dazu gebracht hat, in dieser umfassenden Imagination das innere Bild seines Erdenlebens vor sich zu haben, dann kann man weiterschreiten zur zweiten Stufe der Übungen für geisteswissenschaftliche° Forschung, die einen zu dem bringt, was ich die inspirierte Erkenntnis nenne.

Zu dieser zweiten Stufe übersinnlicher Erkenntnis gelangt man nicht dadurch, dass man das Denken erkraftet, sondern dadurch, dass man das schon erkraftete Denken so behandelt, dass man Vorstellungen, die mit Macht gerade durch das erkraftete Denken im Bewusstsein anwesend sind, wieder aus dem Bewusstsein fortschafft und sich dasjenige aneignet, was man «leeres Bewusstsein» nennen kann.

Ist man imstande, in seiner Seelenverfassung sich in einem Bewusstsein zu fühlen, das nichts in sich hereinkommen lässt von der äußeren Sinnenwelt oder von den Erinnerungen, die gewöhnlich in einem sind, dann kommt man gerade dadurch, dass man sein Denken erkraftet hat und das Bewusstsein wieder leer gemacht hat, zu der Wahrnehmung einer wirklichen geistigen Welt, derjenigen geistigen

Welt, der die Menschenseele in ihrem ewigen Wesensteil angehörte, bevor sie durch die Geburt in die irdische Welt heruntergestiegen ist, um hier einen physischen Leib anzunehmen.

Man gelangt innerhalb des leeren Bewusstseins zu einem Anschauen dessen, was in dem gewöhnlichen Bewusstsein nicht vorhanden ist und was Gegenstand einer inspirierten Erkenntnis genannt wird, weil es aus unbekannten Welten in unsere Seele hereinfließt, weil es inspiriert ist von dem, was uns aus den übersinnlichen Welten zugänglich ist.

Lernen wir auf diese Art die Unsterblichkeit der Menschenseele nach der einen Seite hin kennen, so können wir, indem wir die Denkübungen weiter fortsetzen durch Willensübungen, auch nach der anderen Seite diese menschliche Unsterblichkeit kennenlernen:

- Nach der einen Seite drückt sich die Ewigkeit der Menschenseele als *Ungeborenheit* aus,
- nach der anderen Seite jenseits des Todes als *Unsterblichkeit.*

Die weitere Fortsetzung zur dritten Stufe übersinnlicher Erkenntnis geht dann aus Willensübungen hervor. Man behandelt den Willen so, dass er sich erkraftet.

Ich habe schon erwähnt, wie man dies dadurch erreicht, dass man den Willen selbst losreißt von dem Faden der äußeren Ereignisse, indem man zum Beispiel des Abends den Ablauf seines Tageslebens rückwärts betrachtet, indem man rückwärts eine Melodie empfindet, sich rückwärts ein Drama vorstellt und so weiter – also entgegengesetzt dem äußeren Verlauf.

Versucht man so durch Selbsterziehung° den Willen zu beherrschen und weiterzuentwickeln, wie man es sich selbst individuell vorsetzt in der Art, wie ich es in meiner *Geheimwissenschaft* oder in *Wie erlangt man Erkenntnisse der höheren Welten?* beschrieben habe, und gelangt man auf diese Weise dazu, den Willen von dem gewöhnlichen Verlauf und von den physischen Bedingungen loszureißen, so stellt man sich als Geistesforscher in eine wirkliche geistige Welt hinein.

Man bekommt das Bild des Todes, des Herausgehens der Seele aus dem physischen Leib, wenn der Mensch durch die Pforte des Todes geht. Man bekommt das Erkenntnisbild der Menschenseele nach dem Tod.

Dies sind drei Stufen, durch die sich der Mensch hinaufarbeitet in die übersinnliche Welt. Was er nach dem Durchmachen dieser Erkenntnisstufen über diese übersinnlichen Welten dann zu sagen hat, das kann mit dem gewöhnlichen Menschenverstand, wenn man nur Unbefangenheit genug dazu hat, verfolgt werden.

Allein es ist so, dass dieser Menschenverstand eine andere Haltung annehmen muss, dass er in eine gewisse Be-

90

weglichkeit kommen muss, wenn er dem folgen will, was ihm die Geisteswissenschaft° zu sagen hat.

So muss sich dieser *Menschenverstand* zum Beispiel *in verschiedener Art verhalten,* je nachdem er demjenigen folgt, was der Geistesforscher zu sagen hat aus der imaginativen Erkenntnis, was er zu sagen hat aus der inspirierten Erkenntnis oder aus der dritten Erkenntnisstufe, die ich anführte und die ich intuitive Erkenntnis nenne.

Derjenige, der durch seinen gesunden Menschenverstand die Ergebnisse der Geisteswissenschaft° verfolgt, der fühlt sich veranlasst, mit seinem Inneren anders hinzuschauen auf das, was durch Imagination gewonnen ist, anders auf das, was durch Inspiration und wieder anders auf das, was durch Intuition gewonnen ist.

Lernt man durch Imagination das Übersinnliche des menschlichen Erdenwesens kennen, lernt man durch Inspiration das kennen, was der Mensch durchgemacht hat vor der Geburt, so lernt man in der Ausdehnung der Inspiration zur Intuition das kennen, was die Menschenseele durchmacht nach dem Tod. Hat man aber diese beiden Welten kennengelernt, dann hat man auch eine Übersicht über das Verhältnis dieser beiden Welten, und man lernt nun ein noch Höheres kennen.

Was sich der intuitiven Erkenntnis ergibt, ist ein noch Höheres sowohl gegenüber der sinnlichen wie der übersinnlichen Welt. Man kommt zu der Erkenntnis von den wiederholten Erdenleben, die einen Anfang genommen haben und ein Ende haben werden. Aber für die mittlere Lage der Menschenseele ist es so, dass der Mensch einmal ein Leben zwischen Geburt und Tod durchmacht und dann ein Dasein in einer übersinnlichen Welt zwischen dem Tod und einer neuen Geburt – und dass dies von dem einzelnen Menschen auf den verschiedensten Stufen wiederholt wird.

Indem man dieses, was auf diese dreifache Art aus der übersinnlichen Welt herausgeholt wird, mit dem gewöhnlichen Menschengemüt verfolgt, entwickelt sich gerade in diesem Verfolgen dasjenige, was man als Lebensinhalt aus der Geisteswissenschaft° gewinnen kann.

Sehr verehrte Anwesende! Geisteswissenschaft° gibt nicht triviale Lebensregeln, sie gibt nicht trivialen Trost für diese oder jene Lebenslage, sondern sie verweist auf das, was der Mensch selbst vollbringt, indem er sich zu ihrem Verständnis hinaufringt. Und in dem, was er durchmacht, wenn er in eigener innerer Arbeit zu diesem Verständnis kommt, liegt dasjenige, was der Mensch sich als Lebensinhalt aus der Geisteswissenschaft° heraus selbst erarbeiten kann.

Nicht einen eigenen Inhalt also drängt Geisteswissenschaft° dem Menschen auf, sondern sie verweist auf eine innere Arbeit und darf nur durch diese innere Arbeit versprechen, dass sie auf dem Umweg durch dieselbe dem

Menschen auch einen Lebensinhalt, inneren Halt und innere Sicherheit geben kann.

Nehmen wir die erste Stufe: Der Mensch versucht aus seinem gesunden Menschenverstand heraus sich zum Verständnis alles dessen hindurchzuringen, was der Geistesforscher *aus imaginativer Erkenntnis* zu sagen hat, zum Beispiel über diejenigen Kräfte, die den Menschen organisieren, die im menschlichen Organismus arbeiten.

Wer dasjenige nachzudenken versucht, was der Geistesforscher so erkundet hat, der wird finden, dass sein Denken in diesem Nacharbeiten innerlich selbst kraftvoller, aktiver wird, als es im gewöhnlichen Leben und in der gewöhnlichen Wissenschaft ist.

Das gewöhnliche Leben, die gewöhnliche Wissenschaft haben diese innere Aktivität auch nicht nötig. Und das ist es gerade, was insbesondere in unserer Zeit sehr viele Menschen von der Geisteswissenschaft° zurückhält. Heute ist man gewöhnt, passiv entgegenzunehmen, was die Außenwelt dem Menschen darbietet. Man möchte eigentlich alles, was an den Menschen herankommt, nur passiv empfangen, genießen. Allein, Geisteswissenschaft° muss ihrem Wesen nach einen anderen Anspruch an den Menschen stellen.

Der Mensch kann sich nicht nur passiv im Denken und Vorstellen ihr hingeben, indem er sie verstehen will. Er muss aus seinem inneren Wesen heraus seine Gedanken kraftvoller machen, indem er daran geht, die in seinem Inneren waltende Denkkraft zusammenzunehmen, in Bewegung zu versetzen und in einem beweglichen Denken dasjenige zu verfolgen, was der Geistesforscher sagt.

Dadurch aber fühlen sich verschiedene Menschen in der Gegenwart von der Geisteswissenschaft° abgestoßen. Sie wollen nicht diese innerliche Erkraftung in ihrer Seele entfalten, sie möchten, dass ihnen alles gegeben wird, indem sie dabei passiv bleiben können.

Aber gerade indem Geisteswissenschaft° diese Art des Verständnisses verlangt, bildet sie in der Menschenseele dasjenige heran, was zu einer gewissen *Selbstständigkeit der Persönlichkeit* führt.

Das ist wohl eines der ersten Lebensergebnisse, die der Mensch an sich erfährt, wenn er durch die Geisteswissenschaft° die Welt kennenlernen will: Es wird seine Persönlichkeit innerlich selbstständiger gemacht, sie wird durch ein solches Denken, das er üben muss, innerlich verdichtet. Und dadurch gelangt er zu der Möglichkeit, sich im Leben manchem gegenüber anders zu verhalten, als es gerade heute vielfach der Fall ist.

Man braucht nur ein wenig unbefangen in das Leben hineinzuschauen, dann sieht man, wie sehr die Menschen heute dem Leben, auch dem geistigen Leben, passiv hingegeben sind.

Wenn man zum Beispiel heute in eine Parteiversammlung geht, kann man allerlei interessante psychologische

Phänomene erleben. Man kann erleben, wie die Zuhörer dem Redner nicht eine innere Selbstständigkeit entgegensetzen, sondern wie sie das, was ihnen dargeboten wird, wie durch Suggestion aufnehmen. Schlagworte hätten nicht eine solche Kraft, Phrasen würden nicht eine solche Rolle spielen, wenn sich die Menschen mit einer größeren inneren Selbstständigkeit dem entgegenstellen könnten, was ihnen in dieser Weise dargeboten wird.

Und gerade dieses ist es, was man von der Geisteswissenschaft° haben kann: dass man sein eigenes Urteil fester, dichter macht, sodass man sich mit seiner vollen Persönlichkeit demjenigen gegenüberstellt, was von der Außenwelt an einen herankommt. Das ist eine erste Errungenschaft für das Leben.

Aber es geht das, was wir von diesem Denken haben, mit dem wir das imaginative Erkennen verfolgen, noch viel tiefer in die menschlichen Lebensschicksale hinein. Wir müssen, wenn wir mit dem gesunden Menschenverstand verfolgen, was der Geistesforscher über die innere Organisationskraft des Menschen sagt, wenn er von dem spricht, was ein Mensch denkt und was mehr ist als ein Denken, was eine Summe von inneren Lebenskräften ist, wir müssen dieses Denken dem inneren Arbeiten anpassen, das der Geistesforscher selbst entwickelt.

Will dieser aus den gekennzeichneten Untergründen seiner Seele heraus seine Ideen und Gedanken an die Menschen heranbringen, so muss er in anderen Gedanken sprechen, als die sind, die der äußeren Sinnenwelt entlehnt sind. Dadurch wird der Mensch angeregt, seine Lebenskräfte aktiv zu entfalten. Der Geistesforscher appelliert an seine Lebenskräfte, an seine Vitalität.

Dadurch, dass der Mensch sein Denken hinunterschiebt in sein Leben, macht er es lebensvoll. Es kommt eine gewisse Zuversicht und Kraft in das Denken hinein. Das Denken erfährt eine völlige Verwandlung, es wird innerlich kraftvoller an dem Studium der Geisteswissenschaft. Setzt man dies durch längere Zeit fort, so zeigt sich diese Erkraftung des Denkens an dem, was man dadurch für seinen Organismus erringt.

Es ist ein großer Unterschied in der Art, wie zum Beispiel Heilmittel, die richtige Heilmittel für gewisse Krankheiten sind, auf die eine oder auf die andere menschliche Individualität wirken. Man kann aus den besten medizinischen Methoden Heilmittel für diese oder jene Erkrankung finden, und man wird dennoch sehen, dass diese oder jene Organisation stumpf bleibt gegenüber einem ganz richtigen Heilmittel.

Wenn aber der Mensch an die tieferen Kräfte seiner Organisation appelliert, indem er erkennend verfolgt, was der Geistesforscher zu sagen hat, ruft er Heilkräfte in seinem Organismus auf. Denn was ich neulich den «Bildekräfteleib» genannt habe, den wir auf einer gewissen Stufe höherer Erkenntnis in einem großen Tableau überschauen, er enthält Heilkräfte.

Es ist nicht nötig, dass dieses erkraftete Denken selbst als Heilkraft wirkt. Es kann das, wird es aber in den wenigsten Fällen auch wirklich tun. Wer aber durch sein Denken die innere Frische seiner Lebenskraft wachgerufen hat, der macht sich dazu fähig, dass Heilmittel in günstigerem Sinne auf ihn wirken als bei dem, der nicht in einem solchen Sinne seine Lebenskraft frisch gemacht hat. Auf diese Weise können wir uns die Möglichkeit zuführen, empfänglich zu sein für gewisse Heilkräfte, für die wir sonst stumpf wären.

Man könnte noch viele Beispiele dafür anführen, wie unmittelbar auf den menschlichen Organismus ein solcher Menschenverstand wirkt, der sich auf die gekennzeichnete Weise erkraftet und frisch gemacht hat. Gerade das, was gegenüber der imaginativen Erkenntnis erlangt wird, macht den Menschen nicht nur stärker in Bezug auf sein Denken, als er sonst wäre, sondern es erkraftet ihn zugleich in Bezug auf seine physische Wesenheit.

Wer sich in solcher Weise an die Geisteswissenschaft° herangemacht hat, wird auch bald bemerken, dass das Denken etwas wird, was seine Leiblichkeit wie eine sie durchdringende Strömung immer mehr und mehr erfüllt, sodass er verspürt, wie etwas in seine Glieder geht. Er wird geschickter, wird in Bezug auf die Verrichtungen seines Leibes geschickter.

Die Menschen werden schon entdecken, wie sie, indem sie wirklich durch sich selbst das vollziehen, was ich geschildert habe, für die gewöhnlichen Leibesverrichtungen geschickter werden, welchem Berufe sie auch angehören. Gerade für die Lebenspraxis bietet die geisteswissenschaftliche° Arbeit außerordentlich viel. Man hat an ihr schon in dieser Beziehung einen Lebensinhalt.

Wenn man auf die zweite Stufe sieht, die *in der inspirierten Erkenntnis* erreicht wird, so fühlt sich das Denken wieder in anderer Weise angeregt, wenn man dasjenige nachdenkt, was von dem Geistesforscher in der inspirierten Erkenntnis aus der übersinnlichen Welt herausgeholt wird.

Dann fühlt sich das Denken so angeregt, dass gewisse Empfindungen im Menschen rege werden, frisch und kraftvoll werden, die unter keinem anderen Einfluss so frisch und kraftvoll werden als durch das denkende Verfolgen des durch Inspiration Erforschten.

Vor allem wird man sehen, dass man in die Natur mit einem ganz anderen Sinn eindringen kann, als man das vorher konnte. Während man vorher eine Pflanze betrachtet, indem man auf ihre grünen Blätter hinschaut, auf ihre farbigen Blütenblätter und das, was die Blume von der Sonne zurückstrahlt, mit seinem Auge sieht, dringt man nachher in die Geheimnisse der Pflanze selbst hinunter.

Man fühlt das von der Pflanze aufgenommene Sonnenlicht im Inneren der Pflanze pulsieren. Man identifiziert sich nach und nach mit dem, wie die Pflanze aus dem Keim herauswächst, wie Blatt zu Blatt kommt, wie sie die Blüte heraustreibt. Man geht mit seinem Seelenleben in Bezug auf das innere Werden der Pflanze selbst mit und so mit jedem einzelnen Naturprodukt.

Es ist etwas wie ein Untertauchen in die Natur, wie ein Ausbilden eines *elementaren Natursinns.*

Das ist das Eigentümliche der anthroposophischen Wissenschaft, die hier gemeint ist, dass sie nicht eine weltfremde Mystik erzeugt, sondern den Menschen an die Wirklichkeit heranbringt, ihm einen Natursinn gibt, durch den er sich nach und nach in die Schönheit und in die Größe der Natur vertiefen kann, sodass er wieder mit der Natur zusammenwächst und sich zuletzt in einer Einheit mit ihr fühlen kann.

Ich sage nicht, dass alle diese Dinge nicht auch durch ursprüngliche menschliche Veranlagung da sein können. Aber das ist zu sagen, dass selbst für den, der durch seine angeborenen Fähigkeiten bis zu einem hohen Grad solche Eigenschaften hat, diese noch gesteigert werden können, indem er die Ergebnisse geisteswissenschaftlicher° Inspiration verfolgt. Gleichgültig, ob man wenig oder viel von einem Natursinn hat: Man kann das, was man hat, auf die geschilderte Art noch steigern.

Und ein anderes stellt sich ebenfalls durch denkerisches Verfolgen der inspirierten Erkenntnis ein. Man lernt sich hineinleben in ein anderes Fühlen gegenüber seinen Mitmenschen.

- Gelangt man durch das denkerische Nacherleben der *Imagination* in den Besitz einer *eigenständigen Persönlichkeit,*
- so gelangt man durch das Nacherleben der *Inspiration* in das *Innere der Natur* hinein, aber auch in das *Innere des anderen Menschen* hinein.

Sehen wir uns an, wie heute die Menschen oftmals so verständnislos aneinander vorbeigehen. Sehen wir uns an, wie wenig Menschen es heute gibt, die wirklich dem anderen zuhören können. Das ist etwas, was zum *Menschenverständnis* gehört: dem anderen zuhören zu können.

Wie oft muss man heute gerade das beobachten, wie ein jeder, wenn der andere zu ihm spricht, wenn er nur eine lautere Stimme gegenüber dem anderen zur Verfügung hat, ihm ins Wort fällt und das vorbringt, was er sagen will, was er weiß, während sich das soziale Leben ganz anders gestalten würde, wenn die Menschen mit Verständnis aufeinander eingingen.

Aber derjenige, der denkerisch die inspirierten Erkenntnisse verfolgt, merkt allmählich, wie das, was er mit anderen Menschen erlebt, etwas ist, was zum tiefsten Inneren seiner eigenen Seele gehört. Hier stehen wir an einem Punkt, wo man auf die genaueren Ergebnisse der Geisteswissenschaft° eingehen muss, um gewisse Dinge, die im Leben da sind, in ihren richtigen Verhältnissen darlegen zu können.

In unserem Gefühlsleben offenbaren wir selbst als Menschen das, was wir an der Außenwelt erleben, was ein Ergebnis der Eindrücke der Außenwelt ist. Aber alle diese Eindrücke bilden nicht unmittelbar den Inhalt unserer Gefühle, unseres ganzen Gemüts während unseres wachen Tageslebens.

Wer noch genauer, als das gewöhnlich der Fall ist, das nächtliche Traumleben mit seiner inneren Dramatik studiert, wird schon eine Ahnung von dem bekommen, was die Geisteswissenschaft° zur völligen Gewissheit erheben kann: dass in den Tiefen des Gemütslebens dasjenige sitzt, was Ergebnis unserer intimen Verhältnisse ist, in denen wir im Leben sind.

So wie in unseren Träumen in der mannigfaltigsten Weise das auftaucht, was wir bei Tag gar nicht berücksichtigen, an dem wir nicht mit intensivem Gefühl hängen, wie das im Bild auftaucht, so dringen die Verhältnisse, in denen wir im sozialen Zusammensein mit den Menschen sind, in viel tiefere Untergründe unseres Gemütslebens ein als diejenigen Dinge, die uns im Tagesleben zum Bewusstsein kommen.

Beziehungen von Mensch zu Mensch existieren, die gerade tief in das Gemütsleben eindringen. Wir stehen zwischen Mensch und Mensch und wir unterhalten uns mit dem anderen vielleicht nur oberflächlich, wie uns das Leben in Anspruch nimmt. Aber es gibt so manches, was tiefer zwischen Mensch und Mensch spielt.

Das alles, was wir so erleben, bildet den Untergrund unseres Gemütslebens, unseres gesamten Gefühlslebens. Und manches von dem, was aus den Tiefen dieses Gemütslebens an Disharmonien heraufkommt, was so heraufkommt, dass wir uns wie durchdrungen fühlen von einem inneren Schmerz, einer innerlichen Entbehrung oder Enttäuschung, das rührt oft daher, dass Beziehungen von Mensch zu Mensch sich gebildet haben, die unten im Gemüt sitzen, die uns plagen und die nur darauf warten, dass wir sie völlig ins Bewusstsein bringen, um sie in der richtigen Weise in ein Verhältnis zum eigenen Seelenleben zu stellen.

Es ist manchmal die Lösung des Rätsels gegenüber dem eigenen Gemütsleben, dass wir uns in der richtigen Weise die Erlebnisse zum Bewusstsein zu bringen wissen.

Wenn wir nun die Ergebnisse der inspirierten Erkenntnis denkend verfolgen, so eignen wir uns zum Beispiel einen Sinn für das gute Zuhören gegenüber anderen Menschen an, aber im weiteren Sinne überhaupt für das Verständnis gegenüber anderen Mitmenschen. Und wir entwickeln gerade dadurch im tieferen Sinne einen *sozialen Sinn.*

Wir entwickeln dasjenige in uns, was uns ganz besonders geeignet macht, uns hineinzufinden in die soziale Menschenordnung – zu unserer eigenen Befriedigung und zum Wohl der anderen Menschen, insofern dieses Wohl von uns ausgehen kann. Ein reichster Lebensinhalt wird so dem Menschen, dass er alles Gute und Böse im Menschen dadurch beeinflusst, dass er sein Denken geschult hat an dem Begreifen inspirierter Wahrheiten.

Welt- und Menschenerkenntnis erwirbt man sich durch diesen Natursinn und dieses Menschenverständnis, indem man einzudringen versucht in die Ergebnisse der inspirierten Erkenntnis. Wiederum ist es so, dass die Geisteswissenschaft° den Menschen nicht weltfremd macht, sondern ihn gerade an das Leben und an die Menschen heranbringt.

Wir erleben in unserer Zeit vieles, was man soziale Forderungen nennt. Das aber, was soziales Fühlen und Empfinden ist, das ist in unserer Zeit weniger entwickelt. Das ist etwas, dessen Entwicklung unsere Zeit gar sehr braucht, und in dieser Beziehung kann und darf Geisteswissenschaft° eine Art Zeitaufgabe erfüllen, indem sie auf dem angedeuteten Weg den Menschen dazu bringt, wiederum dem Menschen nahezustehen.

Echter, kraftvoller Nächstenliebe durch Verstehen seines Nächsten kann gerade Geisteswissenschaft° dienen durch das Verständnis dessen, was ich geschildert habe. Und wodurch kann es erreicht werden?

Indem sich der Mensch einen verinnerlichten Wahrheitssinn aneignet. Im gewöhnlichen Leben haben wir einen «logischen» Wahrheitssinn. Durch unsere Schlussfolgerungen gelangen wir dazu, das eine richtig, das andere falsch zu finden. Das trägt einen gewissen logischen Charakter.

Indem wir mit diesem logischen Charakter dann die inspirierten Wahrheiten verfolgen, verinnerlicht sich unser ganzes Weltverständnis. Unser Wahrheitssinn selbst wird ein anderer. Wir beginnen das, was sich in den Weltzusammenhang als richtig hineinstellt, als etwas Gesundes zu empfinden.

Das ist eine große Errungenschaft, wenn wir eine Schlussfolgerung nicht mehr bloß als logisch richtig empfinden, sondern als etwas die Seele Gesundmachendes, sie Erkraftendes empfinden, sodass wir innerlich eine Sympathie erleben im Anschauen gegenüber dem, was wahr ist, während der Irrtum so vor uns hintritt, dass wir ihn als etwas die Seele Krankmachendes, sie Schwächendes empfinden und innerlich eine Antipathie haben.

Dadurch tritt in der Seele auf einer höheren Stufe etwas auf, was man nennen kann ein instinktives seelisches Leben, etwas, was uns gerade weil es instinktiv ist, mit Sicherheit durch das Leben führen kann.

Wir wissen, wie bei den Tieren eine gewisse Sicherheit durch den Instinkt da ist. Sie gehen an dem vorbei, was ihnen als Nahrung schädlich ist und wählen sich das aus, was ihnen förderlich ist. Gewiss, wir dürfen nicht das seelische Leben mit dem tierischen Instinktleben vergleichen, aber wenn man sieht, wie auf einer höheren Stufe etwas Ähnliches im Menschenleben auftritt, so kann man von einem *seelischen Instinkt* sprechen.

Man kommt dazu, dass man gegenüber dem Richtigen und Falschen, dem Wahren und Unwahren so ähnlich empfindet wie das Tier gegenüber dem, was ihm Nahrungsmittel werden darf oder nicht.

Gerade dadurch aber, dass wir durch das Nachdenken inspirierter Wahrheiten in das Instinktive unserer Seelenorganisation hineinkommen, bereichern wir unseren Lebensinhalt ganz wesentlich. Der Mensch gewinnt etwas wie *Lebenssicherheit,* indem er sich diese Instinktivität auf einer höheren Stufe aneignet.

Und gerade dadurch, dass wir uns in unmittelbarem Anschauen die Möglichkeit erwerben, etwas als gesunde Schlussfolgerung zu empfinden, beziehungsweise es als etwas Krankhaftes, Zerstörerisches zu empfinden, gerade dadurch machen wir uns fähig, Natursinn und Menschenverständnis zu entwickeln.

Wenn ich ein Weiteres nennen darf, so kommen wir da wieder tiefer in die Ergebnisse der Geisteswissenschaft° hinein. Was man vor allem als Vorbereitung braucht, um die Offenbarungen der übersinnlichen Welten mit seiner entwickelten Erkenntnis zu empfangen, ist ein gewisses schnelles Auffassungsvermögen, eine gewisse *Geistesgegenwart.*

Warum braucht man Geistesgegenwart? Nun, in dem Augenblick, wo wirklich die geistige Welt vor einem auftritt, hat man es nicht mehr mit denselben Raum- und Zeitverhältnissen zu tun wie vorher, sondern es ist nötig, dass man ein Geistiges oftmals in demselben Moment auffasst, wo es auftritt. Denn, ist man nicht geistesgegenwärtig genug, um es in demselben Moment zu erfassen, wo es auftritt, so ist es auch schon wieder vorbei. Man kann es dann überhaupt nicht mehr erfassen.

Es ist eine Grundanforderung an den geisteswissenschaftlichen° Forscher, dass er sich für sein Forschen gerade eine gewisse Geistesgegenwart erwirbt. Was er durch Inspiration gewinnt und mit Geistesgegenwart erfassen muss, dem haftet, wenn man darüber nachdenken will, noch etwas von dem an, wie die Sache gefunden worden ist. Indem der Mensch darüber nachdenkt, regt er in sich selbst diejenigen Eigenschaften an, die dazu geführt haben, dass so etwas gefunden werden konnte.

Es ist daher eine Schulung der Geistesgegenwart, solche geistigen Offenbarungen denkerisch zu verfolgen. Damit aber machen wir uns wiederum lebenstüchtiger.

Denn wie sehr leidet heute mancher Mensch daran, wenn er gegenüber diesem oder jenem im Leben, das von ihm einen Entschluss verlangt, nicht zu einem Entschluss kommt. Entschlussfähig werden ist das, was man ganz besonders durch das denkerische Verfolgen der inspirierten Wahrheiten gewinnen kann.

Und diese Geistesgegenwart wird auch gefördert, wenn man aufmerksam wird, wie man manches, wofür man früher lange Gedankenketten gebraucht hat, um es einzusehen, jetzt in einem Augenblick überschaut, weil man es als gesundende Wahrheit oder als krankmachenden, zerstörerischen Irrtum unmittelbar empfindet, so unmittelbar, wie man sonst ein Geschmackserlebnis, ein Geruchs- oder ein Tasterlebnis hat.

Es ist durchaus so, dass man gegenüber Wahrheit und Irrtum in sich diejenige Lebendigkeit entwickelt, in der man sonst gegenüber der äußeren sinnlichen Wahrnehmung ist, aber dass man diese Lebendigkeit entwickelt als das Erleben eines höheren, übersinnlichen Gebietes.

Weiter steigt dann der Geistesforscher zur Erforschung dessen auf, was sich ihm darbietet *durch intuitive Erkenntnis,* dadurch, dass er seinen Willen weiter ausbildet, erkraftet, sodass dieser Wille unabhängig wird von der physischen Leiblichkeit und der Mensch sich hineinzustellen vermag in die geistige Welt. Er vermag dann mit seinem Seelisch-Geistigen ebenso drinzustehen in der geistigen Welt, wie er mithilfe seiner Sinne drinsteht in der physischen Welt.

Dieses Drinstehen in der geistigen Welt ist aber nichts anderes als ein Erleben eines der edelsten menschlichen Impulse auf einer höheren Stufe: Es ist ein Erleben der Liebe. Es ist auch ein Erleben der *Freiheit,* denn unfrei wird der Mensch nur dadurch, dass er von seiner Leiblichkeit abhängig ist.

In dem Augenblick, wo der Mensch sich aufschwingt, Impulse zu haben, die er durch moralische Intuition erfasst, wird er eine freie Persönlichkeit. Er kann aber auch eine freie Persönlichkeit werden in Bezug auf seine ganze Stellung zur Umwelt, namentlich zur geistig-übersinnlichen Grundlage dieser Umwelt, zur übersinnlichen Grundlage des eigenen Menschenwesens, wie sich diese übersinnliche Grundlage darbietet im Erleben vor der Geburt und nach dem Tod, und auch im Erleben der wiederholten Erdenleben.

Was da in einer geistigen Welt drinsteht, auch im Geistigen einer äußeren Tatsachenwelt, das ist die *Liebe* auf einer höheren Stufe, die Liebe, die schon in der Sinnenwelt den Menschen in einem gewissen Sinne befreit von dem, was ihm sonst aus den Trieben und Instinkten heraus seine Körperlichkeit aufdrängt.

Es ist eine schöne Definition der Liebe, die einst Karl Julius Schröer gab und die er in seinem Buch über Goethe näher begründete, indem er sagte: Die Liebe ist die einzige Leidenschaft des Menschen, die frei von Selbstsucht ist.

Man kann nicht sagen, dass die Liebe auf ihren niederen Stufen frei von Selbstsucht sei. Aber man muss sich sagen: Indem sich die Liebe zu immer höheren und höheren Stufen entwickelt, sich immer mehr durchseelen und vom Geist durchdringen lässt, wird sie das Wesen des Menschen mehr und mehr frei von Selbstsucht machen, indem er in dem anderen Wesen aufgeht, mit seinem Eigenwesen in dem anderen untertaucht.

Und gerade dadurch, dass diese Liebe in der intuitiven Erkenntnis zu einer Erkenntniskraft gemacht wird, wird auch das, was den intuitiven Wahrheiten nachgedacht wird, die Liebe im Menschen in diesem Sinne anregen.

Sehr verehrte Anwesende! Ich weiß sehr gut, wie die Gegenwart davor zurückzuckt, wenn man von der Liebe als einer Erkenntniskraft spricht.

Es ist auch gar nicht die Rede von der gewöhnlichen Liebe als einer Erkenntniskraft. Wenn aber die Liebe durch derartige Willensübungen heraufgehoben wird in das Erleben der geistigen Welt, dann wird die Liebe eine Erkenntniskraft. Dann gelangt man gerade durch dieses liebevolle Drinstehen in den geistigen Wesenheiten und Tatsachen zu wirklicher Objektivität, zu dem Eindringenlassen des Objekts in seiner wahren Gestalt in die menschliche Erkenntnis und dadurch auch in das menschliche Gesamterleben.

Gerade an der Entfaltung der intuitiven Erkenntnis und an dem denkerischen Verfolgen der Ergebnisse dieser intuitiven Erkenntnis merkt man, wodurch der Mensch zu dem Erleben seines Ich kommt und auch was ihn hindert am Erleben seines Ich.

Denn wer unbefangen in sein eigenes Inneres hineinschaut, wird wohl gewahr, wie wenig wesenhaft sein eigenes Ich vor der Seele steht. Mehr oder weniger ist das, was wir im gewöhnlichen Leben unser Ich nennen, nur eine Zusammenfassung dessen, was sich von der Außenwelt spiegelt wie in einem einzigen Punkt.

Das aber, was das wahre Ich ist, wird dem gewöhnlichen Bewusstsein gar nicht anschaulich. Und wenn wir so leben würden, dass unser gewöhnliches Bewusstsein nicht immer wieder und wieder durch den Schlaf unterbrochen wird, so würden wir für das gewöhnliche Bewusstsein das Ich überhaupt nicht ordentlich erleben. Würden wir zu einem Erleben der Dinge in einem ununterbrochenen, nicht durch die Nacht unterbrochenen Verlauf unseres Bewusstseins seit der Geburt zurückgehen können, so würden wir darin nur eine Summe von äußeren Erlebnisbildern finden, aber nicht das Ich.

Das Ich werden wir gerade dadurch gewahr, dass wir uns immer wieder und wieder von dem äußeren Erleben zurückziehen. Wenn wir uns zurückerinnern an unser Leben, auf das verflossene Leben hinschauen, sehen wir immer nur das, was wir während des Tages erlebt haben, und müssen es immer unterbrochen denken durch den Zeitverlauf während der Nacht.

Was sich da durch diese Unterbrechung darstellt, nimmt sich im Menschenleben aus wie eine Summe von finsteren Punkten in dem hell erleuchteten Raum der Erinnerung. Wären nicht diese finsteren Punkte, so würden wir keinen Widerstand haben für das Licht, in dem wir aufgehen. Wir würden nur die Außenwelt erleben, nicht uns selbst.

Wer aber durch die intuitive Erkenntnis zur Anschauung der wiederholten Erdenleben aufsteigt, der bekommt erst eine Anschauung von dem wahren Ich des Menschen, das durch wiederholte Erdenleben hindurchgeht und nur in diesem Durchgehen durch die wiederholten Erdenleben erkannt werden kann.

Wer das durchgemacht hat, wie sich der Geistesforscher über die Art seines Forschens über die übersinnlichen Erdenleben ausdrücken muss, der bekommt einen lebendigen Begriff von dem Menschen-Ich. Er bekommt aber auch einen lebendigen Begriff von dem, was Erkennen in der Liebe ist: ein Aufgehen in den Wesen der geistigen Welt. Und er bekommt eine Anschauung davon, dass wir unser wahres Ich erst dann erleben können, wenn wir selbstlos werden.

Und gerade die Liebe, wenn sie geschildert wird in ihren höheren Stufen als die «einzige Leidenschaft, die frei von Selbstsucht ist», sie ist es zugleich, die uns im Erleben der Außenwelt, im Hingegebensein an die Außenwelt die Kraft unseres eigenen Ich erleben lässt.

Das ist ein tiefes Geheimnis der Menschennatur, dass man sein Ich erst erlebt, wenn man die Außenwelt erlebt, die Außenwelt in Liebe umfasst und in ihre Geheimnisse so eindringt, dass man mit seinem ganzen Wesen in sie untertaucht.

Der erst erwirbt sich sein wahres Ich, der es zuerst verliert, um es zu gewinnen. Erst wenn wir uns hineinleben in die Welt, leben wir uns in unser wahres Ich hinein – während unser gewöhnliches Ich nur da ist, indem es gestützt ist auf die physische Leiblichkeit und uns dadurch von unserem wahren Ich abbringt.

Dadurch aber, dass sich der Mensch heranerzieht an einem solchen denkerischen Erfassen der Ergebnisse intuitiver Erkenntnis, gelangt er dazu, nicht nur sein Ich zu denken, zu fühlen oder zu empfinden, sondern dazu, dasjenige in sich, was für ihn auf der Erde das Wichtigste ist, in einen bewussten Zustand zu bringen – das ist der menschliche *Wille.*

Wie stehen wir für das gewöhnliche Bewusstsein zum Willen? Wir sind, wenn wir wach sind, nur in unserem Vorstellungsleben völlig wach. Unsere Gefühle sind unserem gewöhnlichen Bewusstsein gegenüber in einem Zustand wie sonst die Träume, nur dass sie anders im Seelenleben auftreten als die Träume. Was aber der Wille ist, das ist so tief in das Unterbewusste untergetaucht, dass es erlebt wird wie der Zustand vom Einschlafen bis zum Aufwachen.

Machen wir uns nur einmal klar, was vorgeht, wenn wir einen einfachsten Willensentschluss ausführen, zum Beispiel wenn wir den Arm heben.

Wir haben zunächst eine Vorstellung: die Absicht, die Hand zu erheben. Dann dringt das, was in dieser Absicht verborgen ist, hinunter in die Tiefen des Organismus, und wir wissen ebenso wenig von dem, was dort unten vorgeht, wie wir von dem wissen, was mit uns vom Einschlafen bis zum Aufwachen vorgeht, bis wir uns dann im Aufwachen wiederfinden. So finden wir uns auch wieder, wenn wir nach dem ausgeführten Willensentschluss von außen den gehobenen Arm betrachten.

Es ist jeder einzelne Willensakt ein Einschlafen und ein Aufwachen – und ein Zwischenzustand des im Schlaf Versunkenseins.

Indem man das in sich entwickelt, was Willenserkraftung, was Freiwerden von der physischen Leiblichkeit ist, wird der ganze Wille wie zu einem durchgeistigten Gesamtsinnesorgan. Wie wir physische Organe haben, zum Beispiel die Augen, und durch sie in die physische Welt sehen, so sieht der Mensch auf einer anderen Stufe durch seine gesamte geistige Organisation in die geistige Welt hinein und dadurch auch in das Wesenhafte seines Willens.

Man muss, wenn man als Geistesforscher das Wesenhafte des Willens oder das Wesenhafte des menschlichen Ich schildert, diese Schilderung in solche Gedankenformen kleiden, dass der, der diese Gedanken mit dem gesunden Menschenverstand verfolgt, etwas in sich bekommt als Abglanz dessen, wie in dieser besonderen Art über den Willen gesprochen werden muss, wie das menschliche Ich mit dem Willen verbunden ist.

Dieses menschliche Ich ist so tief unten in der menschlichen Natur wie der Wille selbst. Es muss heraufgeholt werden. Aber ein Abglanz von diesem Heraufholen geht über auf den, der die intuitive Erkenntnis über das Ich nachdenkt. Dadurch erzieht er in sich Tatkraft, dadurch erkraftet er seinen Willen.

- Während also das Nachdenken der *imaginativen* Erkenntnisse die *Persönlichkeit* erhöht, sie *in Selbstständigkeit* versetzen kann,
- während das Nachdenken der *inspirierten* Erkenntnisse das menschliche *Gemüt* in der mannigfaltigsten Weise *zum Natursinn* entzündet, zum wahren *Menschenverständnis* und zum Erleben des Gesunden und Kranken von Wahrheit und Irrtum,
- so erzieht das Nacherleben der *intuitiven* Erkenntnisse den menschlichen *Willen.*

Wer sich so erzieht, der wird bald merken, wie dieser Wille tatkräftiger wird und wie er selbst das zu lieben beginnt, was ihm in der Außenwelt durch sein Schicksal auferlegt ist. Wir lernen uns dadurch in unser Schicksal hineinfügen, wir werden stark in Bezug auf unseren Willen in aktiver und passiver Weise dem Leben gegenüber. Wir werden stark im Ertragen von Leiden und Schmerzen wie im Erleben von Freuden.

Wir werden stark, nicht indem wir an den Leiden und Schmerzen des Lebens vorbeigehen. Nein, sondern durch das, was im gesunden und kranken Leben erregt wird, werden wir zugänglicher den Freuden und Schmerzen des Lebens, wir werden feiner empfinden gegenüber den Dingen und den Erlebnissen. Durch das Nacherleben der intuitiven Erkenntnisse wird der Wille so gestärkt, dass wir aufrechter durch das Leben gehen und sicherer unser Schicksal ertragen können in Leid und in Freude.

Und wir fühlen uns, indem wir das Nacherleben der intuitiven Erkenntnisse entwickeln, mit der Welt verbunden in einer Art, die selbst einen religiösen Sinn für die Welt darstellt, die das darstellt, was die tiefsten göttlichen Impulse in der Welt durch das Sichversenken in diese Welt mit Liebe zu erreichen fähig ist.

Der religiöse, der künstlerische Sinn wird durch dieses Sichversenken in die Welt mit Liebe angefeuert. Wer sich in dieser Beziehung an die Geisteswissenschaft° hält, der wird selbst in Bezug auf die Weiterbildung seines künstlerischen, seines moralischen Sinnes etwas haben.

So kommt Geisteswissenschaft°, indem sie von dem sprechen will, was durch sie Lebensinhalt werden kann,

nicht mit irgendwelchen abstrakten Predigten oder Er-
mahnungen an den Menschen heran, sondern so, dass sie
ihm sagt: Wenn der Mensch das nacherlebt, was durch die
Geisteswissenschaft in den geistigen Welten erforscht wird,
so erwirbt er sich innerliche Kräfte sowohl

- für sein *Denken,* das er lebendiger macht, wie
- für sein *Fühlen,* das er innerlicher und zugänglicher für
  die Welterscheinungen macht, und er erwirbt sich eine
  Weiterentwicklung
- für seinen *Willen,* den er tatkräftiger macht, zugleich
  leidensfähiger, aber auch für die Freuden des Lebens
  empfänglicher.

Dies weiß Geisteswissenschaft° zu sagen über den Lebensinhalt, den der Mensch gewinnt, indem er sich in die
Geisteswissenschaft° einarbeitet und vertieft. Nichts Fertiges hat die Geisteswissenschaft° in dieser Beziehung dem
Menschen als Lebensinhalt zu geben, sondern nur das, was
er sich selbst erarbeiten kann, dafür aber umso sicherer be-
sitzen wird.

Das Leben ist etwas, was von den Philosophen in der
verschiedensten Weise angesehen wird. Der eine sieht es
in pessimistischem Sinne, der andere in optimistischem
Sinne, wieder ein anderer in mehr neutralem Sinne. Aber
wie man auch über diese verschiedenen Nuancen denken
mag – wer auf das zurückschaut, was er selbst im Leben

durchgemacht hat, der wird doch dem Lebensspruch recht geben:

> Nur der verdient sich Freiheit wie das Leben,
> Der täglich sie erobern muss! *(Faust)*

Das Leben will von jedem Menschen täglich erobert werden. Und das ist gut, denn diejenigen Persönlichkeiten, die nur passiv in das Leben hineinwachsen würden, sie würden auch für das eigene Wesen nichts von dem Leben haben können, denn nur das besitzt der Mensch wirklich, was er sich im Leben erobern muss.

Wenn man sich so an den Wahrspruch erinnert, dass nur der sich die Freiheit und das Leben verdient, der sie täglich erobern muss, so darf jetzt dazu gesagt werden: Geisteswissenschaft° will ihrerseits die Mittel an den Menschen heranbringen, durch die diese tägliche Eroberung durch den Menschen vollzogen werden kann.

Vierter Vortrag

# Die Bedürfnisse unserer Zeit
## Ihre Befriedigung durch Geisteswissenschaft

*Berlin, 12. März 1922*

Sehr verehrte Anwesende!

Dass heute nicht bloß das Ideal oder die Sehnsucht einzelner weniger ausgesprochen wird, wenn gesagt wird, dass ein Drang besteht, für Herz, Seele und Geist des Menschen etwas zu finden, was aus den bisherigen Traditionen und aus der gegenwärtigen Wissenschaft nicht kommen kann, das wird von vielen Seiten zugegeben. Es wird zugegeben, dass damit ein Zeitbedürfnis ausgesprochen wird.

Geisteswissenschaft° möchte diesem Zeitbedürfnis dienen. Dass sie es auch nur annähernd kann, wird ihr allerdings von vielen Seiten bestritten.

Man gibt zu, dass das Bedürfnis nach einer geistigen Vertiefung, nach einer seelischen Erhöhung heute im eminentesten Sinne vorhanden ist. Aber ganz merkwürdig verhalten sich die Menschen, wenn sie mit Vorstellungen, die aus diesen Zeitbedürfnissen geboren sind, die anthroposophische Geisteswissenschaft beurteilen.

Charakteristisch ist unter vielen anderen ein Urteil, das etwa so lautet: Geisteswissenschaft° ist ein Irrweg zu einem richtig erkannten und den Zeitbedürfnissen notwendigen Ziel.

Es muss etwas Merkwürdiges vorliegen, wenn mit Recht gesagt werden kann, Geisteswissenschaft° kann das den Zeitbedürfnissen richtige und notwendige Ziel erkennen, aber sie ist im vollsten Sinne des Wortes ein Irrweg zu diesem Ziel.

Wer ein solches Urteil ausspricht, sieht ein: *Naturwissenschaftliche Denkungsart* hat durch Jahrhunderte hindurch die Menschenseelen der zivilisierten Welt erzogen, hat ihrem Suchen ein gewisses Gepräge gegeben, hat dem, was sie Erkenntnis nennt, einen gewissen Stempel aufgedrückt.

Er sieht auch ein: Was auf diese Weise an der Menschheit herangezogen worden ist, muss berücksichtigt werden. Das hat den Weg in alle, auch die einfachsten Gemüter hineingefunden, das hat auch diesen einfachsten Gemütern den kritischen Maßstab für alles gegeben, was als eine Weltanschauung an sie herantritt.

Weiter sieht ein so Urteilender ein: Es sind die alten *traditionellen Bekenntnisse,* die alten traditionellen Weltanschauungen da, die glauben, einen gewissen Inhalt über das Übersinnliche zu haben, über das Ewige der Menschennatur. Aber mit der Art und Weise, wie sie diesen Inhalt an die Menschen heranbringen, können sie gerade diejenigen Bedürfnisse nicht befriedigen, die in der Menschheit auf die eben charakterisierte Weise durch die Entwicklung der letzten Jahrhunderte aufgezogen sind.

Und so sieht ein solcher Urteilender ein: Da ist eine in der Weltanschauung nach Befriedigung dürstende Menschheit, da sind andere, die Führernaturen sind, die dieser Menschheit gegenüberstehen, die aber nicht zu dieser Menschheit so zu sprechen wissen, dass die Menschen das Gesagte als eine Verkündigung dessen aufzunehmen in der Lage sind, was sie verlangen aus ihren so entwickelten Zeitbedürfnissen heraus.

Und dann sieht ein so Urteilender, dass die Geisteswissenschaft° auftritt. Man mag nun über die Einzelheiten dessen, was aus der geisteswissenschaftlichen° Forschungsart hervorgeht, denken, wie man will. Aber jeder wird zugeben, dass diese Geisteswissenschaft° bemüht ist, den eben charakterisierten Zeitbedürfnissen Rechnung zu tragen.

Und dann sagen, die so urteilen: Ja, es hat sich gerade an dem naturwissenschaftlichen Denken ein gewisser Intellektualismus, ein gewisser Rationalismus ausgebildet. Wenn man aber die Menschenseele nur im Sinne dieses Rationalismus und dieses Intellektualismus ausbildet, wenn man den suchenden Seelen nur das bietet, was auf solche Art errungen werden kann, dann fühlt sich diese Menschenseele nicht befriedigt. Denn ihr Sehnen, ihr Drang geht aus anderem hervor als aus dem bloßen Verstand oder aus dem, was durch den bloßen Rationalismus befriedigt werden kann.

Daher sagen dann diejenigen, die das Zeitbedürfnis zwar ahnen, aber auf Geisteswissenschaft° nicht eingehen wollen: Mit Intellektualismus, mit Rationalismus dürfen wir unseren Zeitgenossen nicht kommen. Es darf das, was als Weltanschauung dargeboten wird, nicht in die Formen abstrakter Gedanken gekleidet werden, es darf nicht auf einem rationalen Weg gewonnen werden. Es muss aus den irrationalen Untergründen des menschlichen Herzens, aus den unterbewussten Tiefen der Seele hervorgeholt werden.

Und dann sagt ein solcher Kritiker: Was der Mensch erkennt, ist ein Objekt, ein Gegenstand geworden. Was er aber verehren soll als ein Ewiges in der Seele, das kann nicht Erkenntnisobjekt sein. Es muss das, wohin sich der Mensch so wendet, ein Unbedingtes (Absolutes) sein, das nicht auf dem klaren Weg der Gedanken, sondern auf einem irrationalen Weg die Menschenseele durchdringt.

Es ist etwas, was sich in merkwürdiger Weise darstellt, wenn man gerade Kritiker des geisteswissenschaftlichen° Wollens heute ins Auge fasst.

Man wirft der Geisteswissenschaft° vor, dass sie zwar den bloßen Intellektualismus, die bloßen Gedankensysteme überwinden möchte, dass sie aber doch wieder etwas Rationales sei, dass sie mit Gedanken arbeite. Man scheut die Gedankenarbeit, und man sieht, dass die Geisteswissenschaft° sich nicht völlig der Gedanken entledigen will. Deshalb hat man vor ihr eine gewisse Scheu.

Man sagt, die neuere Weltanschauung hat sich an dem Gedankenleben, indem es so kalt und blass ist, «verbrannt». Man möchte aus einem Nichtgedanklichen, aus einem Brodeln der Seelenfähigkeiten, die nicht berührt werden von dem Gedanklichen, dasjenige holen, was Inhalt einer befriedigenden Weltanschauung und Welterkenntnis werden soll.

Es ist dann ganz natürlich, wenn man so den Gedanken scheut, dass man sich davor hütet, in Gedanken seine Weltanschauung auszusprechen, und dass man daher, wenn man einen Seeleninhalt ausdrücken will, die allerdünnsten Gedanken dazu wählt.

Gedanken muss man ja doch haben, denn bloße Gefühle oder Willensimpulse oder etwas bloß Irrationales geht nicht in eine Weltanschauung hinein, geht auch nicht in das Leben hinein. Man kann es gar nicht zum Bewusstsein bringen.

Will man aber das, was man schon einmal anstrebt, als Seeleninhalt in das Bewusstsein hereinbringen, dann macht man die Gedanken so dünn als möglich. Man macht sich einen ganz kleinen, winzigen Gedanken: «das Irrationale», «das Unbedingte», und so weiter.

Aber man ist dadurch doch dem Gedanken nicht entlaufen, sondern man will den Gedanken nur so winzig klein machen, dass man nicht merkt, dass man zum Schluss doch einen Gedanken hat, in dem man etwas anderes zusammenfassen will.

Demgegenüber sucht Geisteswissenschaft° in umfassendstem Sinne zu erkennen, welches Schicksal innerhalb der menschlichen Seele das Gedankenleben der neuesten Zeit durchgemacht hat.

Geisteswissenschaft° weiß, dass mit der neueren Naturwissenschaft das Gedankenleben ein gewisses Gepräge erhalten hat, dasjenige Gepräge, durch das es in die äußere Natur, in die Welt der Sinne eindringen kann, aber wodurch es nicht in dasjenige eindringen kann, mit dem sich die Seele in ihrem ewigen Wesen verbunden fühlt.

Indem Geisteswissenschaft° alles berücksichtigt, was durch die neuere Gedankenentwicklung an geistigen Werten gewonnen worden ist, kann sie nicht einfach den Gedanken ausschließen, sondern sie sagt sich: Die Menschheit hat sich einmal heraufentwickelt zu dem Gedanken, zu der Erfassung des Gedankens in seiner Reinheit. Und indem sie dazu gekommen ist, ist der Gedanke etwas geworden, was nur ein engumschränktes Gebiet hat.

Aber dieser Gedanke, wie er errungen worden ist, muss als etwas Wertvolles betrachtet werden, von ihm muss doch ausgegangen werden. Geisteswissenschaft° scheut sich nicht davor, dasjenige als eine Gabe der Menschheitsentwicklung anzunehmen, was der Menschheit auf einem gewissen Gebiet großartige Ergebnisse gebracht hat, was aber, um diese großartigen Ergebnisse zu erlangen, das geopfert hat, worauf die Menschenseele in ihrem Ewigen den Ausblick haben muss.

So wendet sich Geisteswissenschaft° zunächst an *den Gedanken,* indem sie den Gedanken als einen Keim betrachtet, der so wie die Naturwissenschaft ihn auf den Wellen ihrer Entwicklung heraufgetragen hat, nicht unmittelbar genommen werden kann für die Weltanschauung, der aber entwickelt werden kann, aus dem etwas herausgeholt werden kann, was von ihm selbst noch nicht offenbart ist.

So wie die ausgewachsene und blühende Pflanze im Keim noch nicht da ist, sondern erst angedeutet für den, der den Keim beurteilen kann, so sucht Geisteswissenschaft° durch das, was schon öfter Meditation und Konzentration genannt worden ist, durch die Mittel innerlicher Seelenentwicklung, den Gedanken zu erkraften. Dann, wenn man ihn durch Meditation und Konzentration erkraftet, wird er im innerlichen Erleben etwas anderes.

Und ich konnte zeigen: Indem sich der Gedanke innerlich erkraftet, überschaut man erst das Übersinnliche dessen, was hier auf der Erde vom Menschen lebt in einem physischen Leib. Man überschaut den «Bildekräfteleib», den Zeitleib, dasjenige, was uns zwischen Geburt und Tod durchorganisiert als etwas Geistiges, was dem physischen

Leib als ein Schaffendes zugrunde liegt – und was so beschaffen ist, dass wenn der Gedanke sich erkraftet, er sich so stark verdichten kann, dass er selbst identisch wird mit der Summe derjenigen Kräfte, die zugleich Wachstumskräfte, Bildekräfte des physischen Organismus sind.

Diese Bildekräfte, indem sie bei der Geburt mit uns hereingeboren werden in die physische Welt, verdünnen sich im menschlichen Organismus, sie werden Gedankenbilder, wir nehmen sie als abstrakte Gedanken wahr.

Wenn wir aber durch Meditation und Konzentration die abstrakten Gedanken wieder zurückverdichten, dann werden sie innerlich vollsaftig, wachstumskräftig. Sie werden wie wirkliche Bildekräfte des menschlichen Organismus. Wir rücken dadurch im lebendigen Erkennen zu dem herauf, was den menschlichen Organismus zwischen Geburt und Tod durchbildet, durchkraftet und trägt.

Und wenn wir dann in die Lage kommen, vom imaginativen zum inspirierten Erkennen vorzuschreiten, das heißt, wenn wir diese Gedanken, diese Bildekräfte, die wir durch Meditation und Konzentration erreicht haben, wieder aus dem Bewusstsein entfernen, sodass wir ein leeres Bewusstsein herstellen, dann rücken wir zur Wahrnehmung des Geistigen in der Naturumgebung auf, rücken vor allen Dingen zum Begreifen des Geistig-Seelischen auf, wie wir selbst waren, bevor wir in die physische Welt heruntergestiegen sind und uns mit einem physischen Leib verbunden haben.

Die inspirierte Erkenntnis zeigt uns so das Geistig-Seelische nach der Seite der Ungeborenheit hin.

Was tun wir, indem wir solche Übungen machen und dadurch gewisse Erkenntnisse erlangen, die das Erkenntnisbedürfnis befriedigen? Was suchen wir dadurch innerhalb der menschlichen Gedankenkraft, indem wir solche Übungen machen? Wenn ich andeuten will, was man da sucht, so muss ich Folgendes sagen.

Die Menschenseele ist ein Einheitliches, sie tritt aber in drei verschiedenen Äußerungen auf: als denkende, als fühlende und als wollende Seele. Aber es lebt im Denken das Wollen, es lebt aber auch im Wollen das Denken, und im Fühlen leben Denken und Wollen.

Das Gedankenleben ist nur der Hauptsache nach ein Gedankenleben, es hat ein verborgenes Willensleben in sich. Wenn wir Gedanken miteinander verbinden und voneinander trennen, sodass wir durch das Trennen und Verbinden immer mehr in die Wirklichkeit eintreten, so wirkt in diesem Verbinden und Trennen von Gedanken *der Wille.* Aber darauf sieht man nicht, man übersieht diesen Willen, man verbirgt diesen Willen.

Wenn man aber Meditation und Konzentration vollzieht, dann sieht man ab von dem, was das gewöhnliche Bewusstsein als Inhalt des Denkens hat. Man unterdrückt gewissermaßen durch Meditation und Konzentration, durch das Ruhen auf einem bestimmten Vorstellungsinhalt, gerade den

Inhalt. Das aber, was man ins Bewusstsein heraufbringt, ist der Wille, der sonst nicht berücksichtigt wird und der im Denken selbst lebt.

Dieser Wille ist es, den man ergreift, um dann mit ihm den Bildekräfteleib und das Ewige der Seele zu ergreifen, wie es war vor der Geburt, wie es war in der geistig-seelischen Welt vor dem Einziehen in einen physischen Leib. Also in dem Willen ergreift man das, was nach der einen Seite der Ewigkeit hin durch den Menschen erfasst werden kann.

Die anderen Übungen, die ich geschildert habe, sind Willensübungen. Sie führen dazu, dass der Wille unabhängig wird von der physischen Leiblichkeit. Und was ist es, wenn wir diese Willenserstarkung üben, was ist es, was wir da suchen?

- So wie wir durch *Denkübungen,* durch Meditation und Konzentration den *Willen in dem Gedanken* suchen,
- so suchen wir durch die *Willensübungen* den *Gedanken in dem Willen.*

Wenn wir im gewöhnlichen Leben den Willen entwickeln, dann merken wir eigentlich nichts von Gedankenkraft in diesem Willen. Wir gehen zwar von dem Gedanken aus, wenn wir eine einfache Willensentfaltung hervorbringen, so zum Beispiel, wenn wir den Arm heben, aber dann dringt der Wille hinunter in die Tiefen unserer Organisa-

128

tion, und wir sehen erst wieder das Resultat in dem erhobenen Arm.

Aber wer solche Willensübungen macht, wie ich sie beschrieben habe, der findet, wie dieser Wille, wohin er ihn auch wendet, überall durchleuchtet und durchglüht ist von Gedankenkraft, von einer Gedankenkraft, die bis in unsere Glieder hinuntergeht, einer Gedankenkraft, deren Inhalt wir gar nicht als menschliche Gedanken bezeichnen können, sondern deren Inhalt wir als Weltgedanken bezeichnen müssen, weil wir dadurch in denjenigen Gedanken drinstehen, die nicht in unserem Bewusstsein sind, die aber in unserem ganzen Sein und unserer ganzen Willensentfaltung sind.

Diese Gedanken, die nicht in unserem Bewusstsein sind, entdecken wir als Weltgedanken, als Weltenweisheit, auch wenn wir den Leib ablegen und durch die Pforte des Todes gehen.

Innerhalb unserer Willensströmung entdecken wir unser Ewiges durch Gedanken, die sonst tief verborgen in der Menschenseele sind. Dadurch ergibt sich das Erkenntnisbild des Sterbens. Dadurch ergibt sich die Erkenntnis dessen, was wir sind, wenn wir durch die Pforte des Todes gegangen sind und wieder in die geistige Welt eingezogen sind.

So sieht man, Geisteswissenschaft° sucht in der Gedankenkraft den Willen, in der Willenskraft den Gedanken. Und dadurch, dass sie dasjenige berücksichtigt, was der

Mensch sonst im Leben unberücksichtigt lässt, kommt sie auf das, was sonst für den Menschen verborgen bleibt, auf das, was durch Geburt und Tod hindurchgeht als das Ewige der Menschenseele. Und sie kommt zu gleicher Zeit auf das, was aller äußeren Natur als deren Geistig-Seelisches zugrunde liegt.

So weiß Geisteswissenschaft° den Gedanken zu schätzen. In den Gedankenübungen weiß sie ihn zu schätzen, indem sie ihn als Keim betrachtet, aus dem sie andere Seelenfähigkeiten herausentwickelt, die dann Willensentfaltungen sind.

Es weiß Geisteswissenschaft° auch den Gedanken zu schätzen, der vorher verborgen liegt. Aber weil man den Gedanken vorher von dem gewöhnlichen Bewusstsein her kennt, wird er als ein Altbekanntes herausgelockt, wenn man den Willen unabhängig von der Leiblichkeit selbstständig erlebt.

So ist Geisteswissenschaft° in der Lage, den Gedanken nicht zu verachten und es ruhig auszuhalten, wenn man sagt, sie sei rationalistisch. Sie ist nicht rationalistisch, wie die Leute glauben, die dies sagen, sondern sie ist, indem sie den Gedanken zu schätzen weiß, zugleich in der Lage, aus dem Gedanken etwas anderes zu machen.

Wer nun auf den beiden Wegen die erwähnten Übungen macht, der empfindet etwas, bevor er in die geistige Welt eintritt, was nicht außer Acht gelassen werden soll, wenn man geisteswissenschaftliche° Forschung in der richtigen Weise würdigen will.

Wer als ein richtiger Rationalist sich in das Gedankenleben einlebt, das von den Zeitbedürfnissen zurückgewiesen wird, der merkt gar nicht, ein wie dünnes Seelenelement der Gedanke ist.

Wer aber auf dieses aufmerksam wird, der wird etwa so sprechen, wie Friedrich Nietzsche gesprochen hat über das tragische philosophische Zeitalter der Griechen, wo er zeigt, wie jene vorsokratischen Philosophen zu den ersten Betrachtungen gekommen sind, die noch nicht so blass waren wie die unsrigen, aber schon genügend von Gedankenblässe in sich hatten.

Eisig kamen Nietzsche diese Begriffe des Heraklit, des Parmenides und der anderen vor. Die Menschenseele fühlt sich in diesen Gedanken förmlich von Eiseskälte durchdrungen. Das schildert Nietzsche in ergreifender Weise als ein philosophisches Erlebnis intimster Art.

Geisteswissenschaftliche° Forschung muss zu diesem Erlebnis kommen und muss wissen, womit das, was da in der Seele lebt, zu vergleichen ist.

Kommt man an diese Dünnheit, an diese Blassheit und Abstraktheit der Gedanken heran, erlebt man es wirklich, setzt man sich nicht darüber hinweg, indem man zu vollsaftigen Lebensinhalten zurückkehrt, sondern gibt man sich diesen Gedanken hin, dann befällt einen, wenn man in die geistige Welt eintreten will, eine gewisse Angst, eine *Angst vor dem Nichts,* jene Angst, die immer vor dem Leeren auftritt.

Und diese Angst muss so überwunden werden, dass der Mensch vorher gut vorbereitet ist durch solche Dinge, wie ich sie beschrieben habe in dem Buch *Wie erlangt man Erkenntnisse der höheren Welten?* und im zweiten Abschnitt meiner *Geheimwissenschaft.*

Der Mensch muss vorbereitet sein, diese Angst in der richtigen Weise zu durchleben, sodass er beim Erleben des blassen Gedankens die Sicherheit hat:

Du musst durch diese Ängstlichkeit hindurch, wie du durch den Schlafzustand hindurch musst für die Zeit vom Einschlafen bis zum Aufwachen. Aber wie du glauben darfst, dass du an jedem Morgen aus dem Schlaf wieder erwachen wirst, so darfst du glauben, dass wenn du diese Ängstlichkeit durchmachst, eine Welt dich begrüßen wird, die du dann erst wirst beurteilen können. Vorher hast du dir nur das Vertrauen (Glauben) erworben, dass der Geist die Welt durchsetzt und dass du ihn finden wirst, wenn du diesen Angstzustand verlässt.

Überwindungen muss der durchmachen, der die Seele bereit machen will zum Erschauen der geistigen Welt.

Und da, wo der Mensch auf der anderen Seite zum Bilderlebnis des Todes kommt, erlebt er wieder etwas anderes. Da tritt die geistige Welt in Form objektiver Weltgedanken aus der Strömung des Willens auf.

Aber nachdem sie so aufgetreten ist, nachdem wir beginnen, uns mit diesen Gedanken zu erfüllen, die größer sind als unsere subjektiven Gedanken, in denen wir fühlen, dass die Weltgesetze selbst als lebendige in unseren Organismus hereinziehen, da werden wir dann gewahr, dass auch in unsere Willensimpulse etwas hereinzieht, so hereinzieht wie ein fremdes Gefühl, das uns als ein gewisser *Zorn* über das bloß Endliche in Anspruch nimmt.

So paradox es klingt, man muss da einen gewissen Zorn erleben, dem man sich aussetzen muss, über das Leben des Ewigen in dem Endlichen. An diesem Zorn hat man etwas, woran man sich den großen Abstand des Unendlichen von dem Endlichen vergegenwärtigen kann.

Denn es muss das, was vom Menschen aus der geistigen Welt erlebt werden soll, erkennend erlebt werden. Das muss zwar im klaren Gedanken erfasst werden, wäre es aber nur das, so wäre es bloß rationalistisch.

Aber es dringt in den Menschen als Realität ein, die ein Verhältnis zum menschlichen Fühlen und auch zu den menschlichen Willensimpulsen eingeht, sodass deutlich sich ankündigt, dass wir es in der menschlichen Wesenheit mit einer Realität, nicht bloß mit Gedanken zu tun haben.

Sehr verehrte Anwesende! Dasjenige, was bei der entwickelten Seele klar und deutlich in dieser Weise vorhanden ist, ist aber in allen Menschenseelen vorhanden, auch in denjenigen, die den naivsten Gemütern eigen sind. Es ist im unterbewussten Zustand vorhanden.

So ist es im unterbewussten Zustand dann vorhanden, wenn sich der Mensch aus der neueren Geistesentwicklung heraus den abstrakten Gedanken nähert, wie sie zum Beispiel in der Naturwissenschaft auftreten, so sich ihnen nähert, dass er aus ihnen eine Weltanschauung machen will. Dann erlebt er unterbewusst, was der geisteswissenschaftliche° Forscher bewusst erlebt: Er erlebt die geschilderte Angst.

Er bringt sie sich zwar nicht zum Bewusstsein, bringt sie nicht in seinen Verstand herauf, aber er ersinnt sich logische Gründe, wie unmöglich dasjenige ist, was die Geisteswissenschaft° zum Beispiel dadurch will, dass sie die Gedanken betrachtet. Er interpretiert es sich um, um auf diese Weise der Notwendigkeit zu entgehen, den Gedanken lebendig umzubilden und durch die Angst hindurchzudringen, wie man durch die Nacht hindurchdringt mit dem Vertrauen, dass man des Morgens wieder aufwacht.

Und auf der anderen Seite steht die Scheu vor jenem Zorn, der einen überkommt, wenn man auf das Ewige der Menschenseele als Realität eingeht.

Damit gebe ich Ihnen heute in diesem Schlussvortrag nur einiges Charakteristische dessen an, was das lebendige

134

Erkennen der Geisteswissenschaft° aus dem Menschen dadurch macht, dass er mit seinem gesunden Menschenverstand dasjenige nacherlebt, was in dieser Art von denen durchlebt wird, die den Weg gehen in die geistige Welt hinein, um dasjenige zu suchen, nach dem das tiefste Zeitbedürfnis unserer heutigen Zeit in der Menschenseele seufzt und drängt.

Demgegenüber macht man die Erfahrung, dass die Menschen alles Mögliche aufwenden, um sich nur nicht selbst zu gestehen, dass sie vor jener Angst und vor jener Zornmütigkeit zurückscheuen, die ich beschrieben habe.

Dann kommen solche Menschen und sagen: Ja, es ist richtig, das Zeitbedürfnis der Menschen muss befriedigt werden. Aber von Geisteswissenschaft° wollen wir nichts wissen, denn die will nun doch wieder zum Gedanken ihre Zuflucht nehmen. Wir aber wollen aus dem Irrationalen heraus das suchen, was die Menschenseele befriedigen kann, wir wollen versuchen, das, was in jeder Menschenseele ist, zu analysieren, um darauf zu kommen, wie man es in der einfachsten, nicht rationalistischen Weise aussprechen kann.

Dann glauben solche Menschen, sie kommen an der Geisteswissenschaft° vorbei, indem sie sich uminterpretieren, was sie im Unterbewussten erleben. Dann kann man an den Gegnerschaften gegenüber Geisteswissenschaft° ganz Merkwürdiges erleben.

Es wird zum Beispiel gesagt: Dieses Zeitbedürfnis ist schon vorhanden, aber die Geisteswissenschaft° ist ein Irrweg zum richtig erkannten und notwendigen Ziel. Und diejenigen, die dieses Zeitbedürfnis richtig erkennen, aber den «Irrweg» der Geisteswissenschaft° nicht gehen wollen, die wissen, wie sie nicht auf das zu warten brauchen, was die Geisteswissenschaft° bietet, sondern wie aus ganz anderen, irrationalen Seelengründen heraus das Zeitbedürfnis der Menschen befriedigt werden kann.

Nun ist es aber merkwürdig, wenn man solche Einwände im Einzelnen anfasst. Ich werde vermeiden, Namen zu nennen, aber man kann es erfahren, dass gesagt wird: Ach, was soll diese Geisteswissenschaft°! Es gibt andere Leute, die suchen heute wieder auf elementare Art ein Verhältnis zu gewinnen erstens zur anderen Menschenseele, die ja auch ein Geistiges ist, und dann zum Geistig-Seelischen der Welt.

Indem so etwas gesagt wird, wird dann der Name einer Persönlichkeit genannt, die mit ihrem Schrifttum der Geisteswissenschaft° entgegengetreten ist. Da habe ich in diesen Tagen erfahren, dass der Name einer Persönlichkeit genannt worden ist, die vor etwa 18 Jahren mit mir zusammengetroffen war, um über Geisteswissenschaft° zu sprechen. Weil sie aber an die Geisteswissenschaft° nicht herankommen konnte, da versuchte sie es dann mit den äußeren, von den Gegnern der Geisteswissenschaft° in der charakterisierten Weise geschätzten Methoden.

136

Dann vergingen wiederum einige Jahre, und an einem anderen Ort traf ich wieder dieselbe Persönlichkeit. Wiederum versuchte sie, an die Geisteswissenschaft° heranzukommen. Sie konnte es nicht, vielleicht dem Rechnung tragend, was man heute in der Außenwelt mehr schätzt als die geisteswissenschaftliche° Forschung. Und bei meiner letzten Vortragsreise vor ein paar Wochen ist diese Persönlichkeit wieder zu mir gekommen, deutlich zum Ausdruck bringend: Da muss doch etwas sein, was über das hinausgeht, was ich selbst kann, was ich selbst in meinen Büchern geben kann.

Und es sagte diese Persönlichkeit: Da findet sich etwas, was nicht bloß aus dem Gedanken, aus dem Rationalen, sondern aus dem Willen, aus der Ethik heraus nach Wegen in die geistige Welt sucht. Das ist etwas, was mich interessiert, ich möchte es näher kennen. So ungefähr sprach diese Persönlichkeit zu mir.

Vor ein paar Tagen musste ich dann hören, dass diese Persönlichkeit, die in dieser Weise sich mit der Geisteswissenschaft° verbinden wollte, etwas geleistet hat, weswegen man auf Geisteswissenschaft° nicht zu warten braucht.

Sehr verehrte Anwesende! Die Dinge sehen hinter den Kulissen des Daseins oftmals ganz anders aus, als sie von denjenigen dargestellt werden, die ganz andere Ziele haben als diejenigen, die in den Worten liegen.

Indem das gegenwärtige Leben mit seinen Zeitbedürfnissen so vor uns steht, brauchen wir uns gar nicht zu wundern, wenn die Stellung derjenigen, die berufen wären, Geisteswissenschaft° aus den Zeitbedürfnissen heraus zu verstehen, oftmals eine groteske ist.

Wie ich die Erkenntnismethoden der Geisteswissenschaft° schildere, so sind sie rein innerliche Erkenntnismethoden. Es sind solche Methoden, durch die sich die Seele im innerlichen Erleben in die geistige Welt hineinbegibt.

Was da erlebt wird, wird innerlich so erlebt wie nur das mathematische Denken. Die Wahrheit, die Gewissheit wird innerlich so erlebt, wie nur die mathematische Gewissheit innerlich erlebt wird – nur dass die mathematische Gewissheit formal, nicht auf die Wirklichkeit gehend ist, während die von der Seele durch Meditation und Willensübungen errungene Erkenntnis ein Wirkliches ist. Ihr Stehen in diesem Erleben ist ein Stehen im wirklichen Übersinnlichen, wenn sie dazu gelangt.

Und gerade in solchen Büchern wie *Geheimwissenschaft, Wie erlangt man Erkenntnisse der höheren Welten?, Von Seelenrätseln* und anderen wird geschildert, wie der geisteswissenschaftlich° Forschende zu diesen Ergebnissen kommt. Es wird so geschildert, dass jemand, der diese Methoden auf die eigene Seele anwendet, jederzeit zum Nachprüfen dieser Dinge kommen kann. Es handelt sich nur darum, dass derjenige, der nachprüfen will, die Methoden auf seine Seele anwenden muss.

Wer die Geisteswissenschaft° bloß verstehen und auf diese Weise für das Leben fruchtbar machen will, der braucht nicht die geisteswissenschaftlichen Methoden auf sich selbst anzuwenden, sondern er kann beim Aufnehmen mit dem gesunden Menschenverstand und dem gesunden Seelensinn stehenbleiben.

Aber man muss aus dieser Schilderung der geisteswissenschaftlichen° Methoden und ihrer Ergebnisse, auch wenn man kein Philosoph oder Wissenschaftler in der Gegenwart ist, darüber eine Vorstellung gewinnen, dass es mit einer wirklichen Prüfung dessen, was der Geisteswissenschaftler° von seinen Ergebnissen sagt, nicht anders gehen kann, als dass man dieselben Methoden, die er anwendet, auch anwendet, indem man nachprüft, wie er innerlich-seelisch, das heißt in der geistigen Welt selbst, zu seinen Ergebnissen kommt, indem man es auch selbst innerlich-seelisch nachprüft.

Statt dass die Dinge so verstanden werden, kommen die Menschen, die sich heute Wissenschaftler nennen, und sagen: Es soll jemand, der zu geisteswissenschaftlichen° Ergebnissen kommt, in irgendein Experimentierlabor kommen, und dort versuche man nachzuprüfen, ob er wirklich zu solchen Ergebnissen kommen kann.

Der in einer solchen Forderung liegende Unsinn ist nicht kleiner als der, der sich in folgender Weise in die Welt setzen würde. Es sagt jemand: Ich bin Mathematiker, ich habe diese und jene mathematischen Probleme gelöst. Seht, ob sie richtig sind, indem ihr euch die entsprechenden mathematischen Fähigkeiten dazu aneignet und die Dinge nachprüft. Aber darauf wird ihm von den Leuten erwidert: Das passt uns nicht, warum sollen wir uns erst diese mathematischen Fähigkeiten aneignen? Komm ins Labor, dort werden wir durch experimentelle Psychologie deinen Schädel prüfen und feststellen, ob deine mathematischen Resultate richtig sind!

Solche Forderungen, die so absurd sind, werden heute hinausposaunt in die Welt und finden ein gläubiges Publikum. Das ist dasjenige, was zunächst gesagt werden muss über den Weg der Geisteswissenschaft° in Bezug auf die Zeitbedürfnisse der Gegenwart.

Aber dasjenige, wohinein die Seele dringt und von dem sie ihre Ergebnisse der Menschheit so verkündet, dass diese Ergebnisse durch den gesunden Menschenverstand, wenn er nur wirklich will, begriffen werden können, was ist denn das eigentlich?

Um das zu charakterisieren, was dadurch der Welt gegeben wird, dazu muss man an die Art und Weise erinnern, wie ältere Zeiten zu dem Inhalt des geistigen Lebens gestanden haben.

Sehen wir in ältere Zeiten zurück, von denen uns die traditionellen Weltanschauungen und Bekenntnisse verblieben sind. Da haben die Menschen von geistigen Wesenheiten gesprochen. Sie haben selbstverständlich, indem sie davon gesprochen haben, es in Begriffen und Ideen getan.

Aber obwohl das Wissen und das Schauen von geistigen Wesenheiten in älteren Zeiten instinktiv war, so haben die Menschen dennoch eine innere Sicherheit gehabt von dieser geistigen Welt, sodass sie wussten: Du hast nicht nur Begriffe und Ideen von der geistigen Welt, du hast in dir die geistige Welt selbst. Du sprichst nicht nur von Göttern und Engeln, diese Götter und Engel leben nicht nur in deinen Ideen, sondern sie leben als lebendige Wesen in dem, womit du mit deiner Seele verbunden bist, sie sind geistige Wirklichkeiten.

Das ist es, was die neuere Zeit heraufgebracht hat, dass dieses unmittelbare Leben im Geistigen nicht mehr da ist. Wenn die neuere Zeit von Geist spricht, meint sie nur die Gedanken.

Niemand hätte früher verstanden, was es heißen soll, wenn man sagt: Ideen verwirklichen sich durch die Geschichte. Aber jeder hätte verstanden, was gemeint ist, wenn man sagt: Geistige Wesenheiten verwirklichen ihre Ideen in der Geschichte. Die Ideen sind nur das Ausdrucksmittel für die dahinterstehende geistige Welt, und diese lebt in jeder einzelnen Tätigkeit, die der Mensch ausübt.

Wie sich die Menschen in der Sinnenwelt drinnen fühlten, so fühlten sie sich auch in einer geistigen Welt drinnen.

Aber die Menschen, die aus diesem unmittelbaren Erleben der geistigen Welt heraus sprachen, hatten damals, wenn sie zum Beispiel einem Strauch gegenüberstanden, ein unmittelbares Verhältnis zu ihm, sodass ihnen das Geistige unmittelbar entgegentrat und das Naturobjekt auch unmittelbar geistig durchschaut wurde.

Wir haben in der letzten Zeit der Entwicklung der Menschheit dieses heraufkommen sehen: die Natureinzelheiten so anzuschauen, dass wir nicht mehr elementar das Geistig-Seelische in ihnen erleben, sondern dass nur der abstrakte Gedanke da ist, der das Naturereignis ausdrückt.

Wir stehen vor dem Strauch. In den Gedanken liegt das, was wir von dem Strauch erleben können. Das trennt uns aber von dem Geistigen, und so ist die Natur von uns entseelt worden.

Indem wir in der neueren Epoche der Menschheitsentwicklung mit dem abstrakten Gedanken die Natur durchdringen, trennt uns der abstrakte Gedanke von dem Naturwesen, von der geistigen Welt.

Aber was die Menschen nicht gehabt haben, als sie elementar das Geistige in jedem Einzelding schauten, war die menschliche *Freiheit.* Diese konnte sich erst in dem Zeitalter entwickeln, wo der Mensch anstelle der unmittelbaren geistigen Welt nur noch die bloßen Bilder, das heißt die abstrakten Gedanken, an der Natur erlebt, sodass die Natur nicht mehr zwingend ist, keine unmittelbare Wirkung mehr auf die Menschennatur ausübt.

Dadurch, dass wir die geistige Realität in der Umgebung der Natur verloren haben und nur das Bild der Geistigkeit in den abstrakten Gedanken behalten haben, dadurch wurde unsere Freiheit möglich. Das ist im Besonderen geschildert in meiner *Philosophie der Freiheit.*

Aber dadurch ist auch die Notwendigkeit herbeigeführt worden: Wenn wir nun wieder zum Geistigen kommen wollen, können wir nicht bei den Gedanken stehenbleiben, die wir heute haben. Das sind die abstrakten Gedanken, die das Menschengeschlecht erleben musste, um frei zu werden.

Wir müssen heute durch Meditation und Konzentration den Gedanken verdichten. Dann schauen wir wieder so in die Natur, dass uns der Geist aus allen Wesenheiten der Natur entgegenschaut.

Und ebenso finden wir den Geist im sozialen Menschenleben in der Art, wie wir als Mensch dem Menschen gegenüberstehen, indem wir die Liebe zum Nächsten entfalten und dieser Liebe durch die Tat Ausdruck geben.

Geisteswissenschaft° steht zum Gedankenleben der neueren Zeit so, dass sie sagt: Der Gedanke ist vor den äußeren Naturerscheinungen das Dünnste geworden, ist das geworden, was eine letzte Erinnerung an den Geist ist.

Er muss wieder verdichtet, muss wieder erkraftet werden, dann führt er uns wieder zum Geist zurück.

Geisteswissenschaft° ist nicht Rationalismus, sie bleibt nicht bei dem bloßen Gedanken stehen, sondern sie ringt sich durch bis zu der inneren Kälte der Gedanken, die Nietzsche in so ergreifender Weise schildert. Indem aber die Seele bis zu so dünnen Gedanken kommt, wird sie dadurch in die Lage versetzt, dass sie nach überallhin Fenster hat.

Für die Geisteswissenschaft° sind die abstrakten Gedanken wie Fenster, überallhin durchsichtig erweist sich die Welt. Indem die Seele die Gedankenkraft verdichtet, dringt sie hindurch durch die Fenster, die durch die Abstraktheit geöffnet worden sind, in die geistige Welt hinein.

Dadurch kommen wir nicht nur zum Erleben einer Welt abstrakter Ideen und Ideale, sondern wieder zu dem, was einstmals die Menschheit als eine Realität erlebte, wovon aber in den gegenwärtigen Weltanschauungen und Religionsbekenntnissen nur der abstrakte Abklatsch geblieben ist.

Und dann kommen wir wieder dazu, nicht bloß vom Geist zu wissen, ihn nicht bloß in unseren Gedanken zu repräsentieren, sondern ihn zu erleben. Unsere lebendige Erkenntnis ist nur der Umweg, um die lebendige Geistigkeit in das Leben hereinzubekommen, sodass wir wieder vom Morgen bis Abend so leben, dass wir wissen: Jede unserer

Taten, jedes unserer Gefühle, jeder unserer Gedanken ist so, dass Geistiges darin lebt.

Dass der Mensch dadurch nicht unfrei, sondern gerade frei wird, das suchte ich in meiner *Philosophie der Freiheit* zu zeigen. Ich versuchte schon damals zu zeigen: Wenn der Mensch das Denken so erfasst, dass er es weiter erkraftet, dass er zum Beispiel auf ethischem, auf sittlichem Gebiet durch die moralischen Intuitionen in die geistige Welt aufsteigt, wenn er so zum reinen Denken aufsteigt, dann ist er in einer Lage, wo er das Weltgeschehen an einem Zipfel erfassen kann.

Das also ist auf diesem Weg das Zweite: eine gotterfüllte, eine geisterfüllte Welt, die uns wird. Durch Geisteswissenschaft° soll nicht bloß eine Weltanschauung gegeben werden, sondern sie soll für den Menschen die Veranlassung zu einem realen Erleben werden, durch das das Göttlich-Geistige in die neuere Menschheitsentwicklung hereinzieht, weil der Mensch die alten Wege zum Geist nicht mehr gehen kann und geistlos bleibt, wenn er nicht den Weg vom Gedanken und vom Willen aus sucht, wie ich es charakterisiert habe.

So strebt Geisteswissenschaft° nicht bloß zum Geisterlebnis, sondern sie strebt dahin, ein Feld, eine Wohnung zu bereiten dem Geist, der die Menschheit durchdringen wird, damit er unter uns sein kann, damit wir nicht bloß aus zeitlich-vergänglichem Menschentum, sondern aus ewigem Gottesgeisttum heraus alles denken, fühlen und wollen können.

Geisteswissenschaft° will nicht bloß ein Erkenntnisprozess sein, sie will ein realer Prozess sein. Und indem sie so dem Gott eine Wohnung hier auf der Erde bereitet, indem sie eine Erkenntnis sein will, die zugleich Leben ist und zugleich dem Gott, dem Geist eine Wohnung baut, hat sie von sich aus ein Verhältnis zu dem dritten Aspekt unserer großen Zeitbedürfnisse, zu dem sozialen Aspekt.

Durch das, was sich in der *sozialen Frage* zusammenfasst, ist die Seele, ist das Herz des heutigen Menschen tief erfasst, sofern dieser Mensch Seele und Herz hat. Das ist allerdings die Grundfrage, aber kann sie so aufgefasst werden, wie das heute oftmals geschieht?

Gewiss, sehr verehrte Anwesende, für den nächsten Augenblick muss jede gut gemeinte Auffassung gewürdigt und geschätzt werden. Aber zum Heil der Menschheit ist doch noch etwas anderes notwendig.

Wir vernehmen heute, wie Millionen hungern. Wir können selbst Gelegenheit haben, tief in jenem Elend drinzustehen, das aus der furchtbaren Kriegskatastrophe in der zivilisierten Welt zurückgeblieben ist. Wir erfahren, wie überall die Arbeitslosigkeit wuchert, die Sieger und namentlich die neutralen Länder mehr noch ergriffen hat als die besiegten Länder. Wir schauen hin auf diese so schwer geprüfte Welt.

Gewiss soll gar nichts eingewendet werden gegen diejenigen Menschen, die aus gutem Herzen und aus einer gewissen Welterkenntnis heraus sagen: Das Nächste ist, Brot zu verschaffen, Brot, dass der Hunger gestillt werde! Ja, das ist so, das muss auch als das Nächste betrachtet werden.

Aber wir müssen als gesamte Menschheit wieder so vorwärtskommen, dass solche Hunger-, solche Notzeiten nicht mehr möglich sein werden, wie sie heute möglich geworden sind. Denn wodurch sind sie entstanden?

Wer unbefangen in die Welt blickt, der wird sagen: Mag auch eine Not in der Natur selbst eintreten, mag irgendwelche Katastrophe oder Unfruchtbarkeit in der Natur eintreten, das muss doch in der Weltwirtschaft, wenn richtig gewirtschaftet wird, ausgeglichen werden. Im Ganzen gibt die Natur dem Menschen das, was er von ihr braucht.

Wenn ganze Menschengruppen nicht das haben, was ihnen zukommen müsste, dann ist dies nicht deshalb, weil die Natur es ihnen vorenthält, dann ist es aus dem Grund, weil die Menschen nicht verstehen, das richtig zu erarbeiten und dorthin zu bringen, was die Natur hergibt.

In der Natur ist das vorhanden, was allen Menschen Nahrung, allen Menschen das Notdürftigste bringen kann. Es muss nur so erarbeitet werden, dass die Menschen es in der richtigen Weise den Menschen geben und von den Menschen nehmen können.

Die Not ist nicht durch die Natur entstanden, die Not ist durch die Art und Weise entstanden, wie die Menschen die Natur behandelt haben, wie die Menschen sich untereinander verhalten haben. Von der Art der Geistigkeit, die unter den Menschen herrscht, ist die Not gekommen. Daher kommt jede Not. Und auch nur durch die Art der Geistigkeit ist der Not auf die Dauer abzuhelfen.

Wir müssen im menschlichen Verkehr nicht bloß abstrakte Begriffe finden, durch die sich die Menschen auch ein abstraktes Geistiges vergegenwärtigen, sondern wir müssen eine lebendige Geistigkeit finden, durch die wir an die Arbeit herantreten, durch die wir die Mittel und Wege finden, das zu erarbeiten, was der Mitmensch von uns an Ergebnissen der Arbeit fordert.

Wir müssen jene Geistigkeit finden, durch die wieder Vertrauen zu denjenigen Menschen kommen kann, welche die Arbeit leiten, sodass ihre Ergebnisse in der richtigen Weise in den menschlichen sozialen Organismus hineinströmen. Wir müssen den Geist finden, der in der richtigen Weise das soziale Leben durchströmt. Den finden wir aber für das soziale Handeln nur, wenn wir ihn erst in der lebendigen Erkenntnis gefunden haben, wenn wir ihn erst in der Natur gefunden haben und in das Menschenleben als lebendigen Geist einführen.

Wir brauchen erst einen Weg zum Geist, aber wir brauchen ein solches Streben nach dem Geist, das nicht bloß zu einem theoretischen Erkennen, sondern zu einem Erleben der Geistigkeit führt, das in Bezug auf das soziale Leben nicht zu abstrakten Ideen über die soziale Ordnung führt, sondern zu konkreten Ideen, sodass durch das Strömen dieser Ideen das Göttlich-Geistige selbst in die soziale Ordnung einfließt.

So viel Leninismus, so viel Trotzkismus, das heißt so viel Materialismus in der Welt ist, so viel Untergangskräfte sind in der Welt. Alleinige Hilfe ist nur das Wiedereinziehen einer Geistigkeit in die Menschheit.

Dass für die älteren Zeiten in Bezug auf das soziale Leben vieles getadelt werden kann, ist richtig. Aber das hat in einem anderen Kapitel zu stehen, als was heute zu besprechen ist. Was heute zu besprechen ist, das ist, dass unsere Zeit eine solche Geistigkeit fordert, wie sie aus dem zur höchsten Entfaltung gekommenen Gedanken erreicht werden kann.

Diesen Weg möchte aber die Geisteswissenschaft° gehen. Es mag Einzelnes innerhalb der Geisteswissenschaft° der Verbesserung fähig und bedürftig sein. Aber die Menschheit wird, indem sie aus den Zeitbedürfnissen heraus leben muss, nicht daran vorbeikommen, ihre Führer dort zu suchen, wo solche Wege in die geistige Welt hinein gegangen werden, wie sie Geisteswissenschaft° gehen möchte.

Denn es kommt nicht darauf an, dass wir uns bloß dem Materialismus entringen, sondern es kommt darauf an, dass wir uns den toten Gedanken entringen, die bloß Repräsentanten von irgendetwas Wirklichem sind, und dass wir das Wirkliche selbst in den Gedanken ergreifen. Das kann nicht in abstrakten, das kann allein in den verdichteten, in den in der Seele weiterentwickelten Gedanken sein. Das kann nur sein, indem wir die Weltgedanken in dem entwickelten Willen erleben.

Das erscheint heute vielen Menschen, die sich eingelebt haben in die alten Strömungen der Wissenschaftlichkeit, bis zu dem Grad paradox, dass sie den Geisteswissenschaftler° mit den Methoden des Labors ebenso im Labor prüfen wollen, wie wenn man bei dem Mathematiker im Labor prüfen wollte, ob ein Integral richtig ist oder nicht. Man will nicht dem nachgehen, was er als seine Mathematik gibt, sondern möchte sein persönliches Verhalten nachprüfen.

Das aber muss eingesehen werden, dass der Geist nur auf geistigem Feld erlebt werden kann, auf jenem Feld, das überall die angedeuteten Fenster hat für das Geistig-Seelische. Da werden die Gedanken die Fenster, durch die das Geistige in die Menschenseele hineinkommt. Und auf diesem Weg wird die Wirklichkeit der geistigen Welt als etwas erlebt, mit dem die Menschen als Geistig-Seelisches zusammenwachsen.

Dies, sehr verehrte Anwesende, schildert die Art, wie Geisteswissenschaft° meint, den Zeitbedürfnissen dienen zu können. Ich habe mich bemüht, heute darzulegen, welches der wirkliche Weg geisteswissenschaftlicher° Forschungsweise ist. Denn ich glaube, wenn man sich diesen Weg einmal genau anschaut, wird man nicht sagen können, die Geisteswissenschaft° stellt einen Irrweg zu einem richtig erkannten und für die Zeitbedürfnisse notwendigen Ziel hin dar.

Nein, untersucht man das, was die Leute, die so urteilen, einen Irrweg nennen, dann entdeckt man zuletzt immer wieder: Das ist nicht der geisteswissenschaftliche° Weg, das ist die Karikatur, die die Leute selbst erst von diesem geisteswissenschaftlichen° Weg machen. Das ist der Popanz (Zerrbild), den sie selbst erst machen und den sie dann kritisieren, sodass ihre Worte zu dem wahren geisteswissenschaftlichen° Weg überhaupt nicht das geringste Verhältnis haben.

Das ist es, was man tagtäglich jetzt immer wieder erleben kann, dass die Leute ihre eigenen Gespenster von der Geisteswissenschaft° kritisieren, weil sie die wahre Geisteswissenschaft° nicht kennenlernen wollen.

Gegen das, was da waltet, und für die Zeitbedürfnisse sind in ehrlicher Weise diejenigen eingetreten, die in den Tagen dieses Hochschulkurses auf den verschiedensten wissenschaftlichen Gebieten die geisteswissenschaftliche° Forschungsart vertreten haben.

Zeigen wollten sie, wie diese Forschungsart die verschiedensten Gebiete der Wissenschaft, des Lebens, der Kunst, der sozialen Ordnung befruchten kann. Eintreten wollten sie für die wahre Gestalt desjenigen, was jede ehrliche Kritik aufnehmen will, was aber heute oftmals nur sieht, wie es karikiert, zum Popanz gemacht und dann in der Weise kritisiert wird, wie ich es andeutete.

Deshalb möchte ich meinerseits auch nicht verfehlen, da ich mit meinem ganzen Herzen mit dieser geisteswissenschaftlichen° Strömung verbunden bin, vor Ihnen allen hier am Schluss herzlichst all denjenigen zu danken, die in den letzten Tagen aus dem, was sie durch ihre Wissenschaft, durch ihre Lebenserfahrung, durch ihre Herzens- und Seelenkämpfe errungen haben, eingetreten sind für geisteswissenschaftliche° Forschung, für geisteswissenschaftliche° Weltanschauung. Ihnen möchte ich gerade im Namen des geisteswissenschaftlichen° Denkens, der geisteswissenschaftlichen° Gesinnung herzlichst danken.

Denn man mag über das, was die Geisteswissenschaft° heute schon kann, was sie hervorgebracht hat, denken, wie man will: Geisteswissenschaft° ist gewissenhaft bemüht, ihr Wollen in dem Sinne einzurichten, wie es gerade die heutigen Zeitbedürfnisse fordern, nicht nur weil sie dem Zeitlichen dienen möchte, auch ihr Streben fällt zusammen mit den heutigen Zeitbedürfnissen.

Die Menschheit hat sich lange genug nur mit dem Vergänglichen beschäftigt. Sie begehrt heute aus den Zeitforderungen heraus, das Ewige wieder kennenzulernen, es wieder in das menschliche Fühlen und in das menschliche Handeln einzuführen.

Diesen Zeitforderungen, diesem Streben der Menschenseele darf die Geisteswissenschaft° dienen, denn sie fällt in ihrem Streben mit dem zusammen, was die Zeitbedürfnisse gerade sind. Sie strebt so, dass ich nun zum Schluss das, was von ihr heute vielleicht lange noch nicht erreicht ist, aber von ihr gewollt ist, in folgende Worte zusammenfassen möchte, die das ausdrücken sollen, was Gesinnung, was Wollen des Geisteswissenschaftlichen° ist.

Dieses Wollen weiß ganz gut, wie dunkel, wie finster die menschlichen Lebenswege sind, wenn sie nicht von einem Licht erleuchtet werden. Die heutige Menschheit gelangt zu ihren Zeitbedürfnissen, wie ich sie charakterisiert habe, dadurch, dass sie viel von Finsternis des Lebens um sich hat und deshalb danach streben muss, jenes Licht zu erlangen, das die Dunkelheit, die Finsternis des Lebens erleuchten kann. Dieses Licht, wie ist es zu finden?

Für dieses Licht ist die menschliche Seele allein die Lampe. Aber diese Lampe kann nur zum Licht entflammt werden, wenn der Geist sie entzündet. Die menschliche Seele wird das leuchtende Licht des Lebens, wenn der Geist sie entzündet.

Wird aber die menschliche Seele vom Geist als Lebenslicht entzündet, dann wird sie auch die Fackel, die in richtiger Weise für das menschliche Leben die fruchtbaren

Erkenntnisse, die lebenswärmenden Gefühle, die für den Menschen notwendigen tatkräftigen Willensimpulse erleuchten kann.

# Zu dieser Ausgabe

Diese vier Vorträge sind alle nicht in der Rudolf Steiner Gesamtausgabe enthalten. Der erste wird hier zum ersten Mal veröffentlicht. Die folgenden drei sind in *Blätter für Anthroposophie* – von Hans Erhard Lauer herausgegeben – veröffentlicht worden: *Anthroposophie in ihrem Wissenschaftscharakter* (1962, 14. Jahrg., Nr. 10/11); *Anthroposophie als Lebensinhalt* (1962, 14. Jahrg., Nr. 12. Diese Veröffentlichung ist in H. Schmidt, *Das Vortragswerk Rudolf Steiners,* 1978, S. 385 versehentlich nicht angeführt); *Die Zeitbedürfnisse und die Anthroposophie* (1963, 15. Jahrg., Nr. 1/2).

Im Band 81 der Rudolf Steiner Gesamtausgabe, *Erneuerungs-Impulse für Kultur und Wissenschaft, Berliner Hochschulkurs,* sind die sieben Vorträge abgedruckt, die Rudolf Steiner während des Hochschulkurses März 1922 in Berlin tagsüber gehalten hat. Die vier Vorträge dieser Ausgabe waren Abendvorträge.

Die elf Vorträge des Berliner Hochschulkurses 1922 – die sieben in GA 81 und die vorliegenden vier – sind von Walter Vegelahn stenografiert worden. Dem Archiati Verlag liegen die Klartextnachschriften von allen elf Vorträgen vor. In GA 81 heißt es auf S. 202: «*Textunterlagen:* Die Vorträge Rudolf Steiners wurden von dem Berliner Stenographen Walter Vegelahn mitgeschrieben. Dem Druck liegt

155

seine Klartextübertragung zugrunde. Originalstenogramme sind nicht erhalten. Für den Druck wurden die stenographiebedingten Mängel oder Fehler korrigiert. Wo unvollständige Sätze durch die Herausgeber ergänzt worden sind, ist dies durch eckige Klammern gekennzeichnet. Wortumstellungen innerhalb eines Satzes wurden dann vorgenommen, wenn durch die Satzstellung allein – ohne die Betonung des Sprechenden – der Sinn nicht genügend klar verständlich wäre.»

Der Archiati Verlag hat ein langes und intensives Studium der Redaktionsweise von Walter Vegelahn vorgenommen (als Beispiel siehe: Rudolf Steiner, *Zukunft verstehen,* S. 269-347). Bei zahlreichen Vortragsreihen von Rudolf Steiner, die von Vegelahn redigiert in der Gesamtausgabe vorliegen, hat sich herausgestellt, dass dieser in der Regel ganz beträchtlich durch Erläuterungen oder Erweiterungen das von Rudolf Steiner Gesprochene geändert hat. Dies ergibt sich vor allem aus einem Vergleich mit zahlreichen Klartextnachschriften, die *vor* der Veröffentlichung des ersten Manuskriptdrucks erstellt worden sind. Diese zeigen deutlich in der Schlichtheit des Sprachduktus und in der Reinheit der Gedankenfolge ihre Bemühung, dem von Rudolf Steiner gesprochenen Wort so treu wie möglich zu bleiben. Anhand von: Rudolf Steiner, *Zukunft verstehen,* kann sich jeder Leser ein eigenes Urteil über diese Sachlage bilden.

In dieser Ausgabe sind vor allem Füllwörter entfernt worden, die typisch für Walter Vegelahn sind. Dazu gehören: eigentlich, in der Tat, sozusagen, ja, ich möchte sagen, sehen Sie, gewissermaßen, im Grunde genommen, eben, etwa, man könnte (kann) sagen, schon, und so weiter, allerdings, zunächst, nun, durchaus, überhaupt, in einem gewissen Sinne, gerade, wirklich. Walter Vegelahn hat auch immer wieder die übliche Anrede Steiners mit «wir» in «Sie» geändert.

Hans Erhard Lauer ist mit der Redaktion von Walter Vegelahn behutsam vorgegangen. Ein Vergleich zwischen seiner Fassung, der vorliegenden Ausgabe und den Klartextnachschriften von Walter Vegelahn, die unter *www.archiativerlag.de* einsehbar sind, kann dem Leser helfen, sich ein eigenes Urteil zu bilden.

Für eine leichtere Lesbarkeit sind folgende **Wortersetzungen** vorgenommen worden (im Text durch ° gekennzeichnet):

| | | |
|---|---|---|
| Geisteswissenschaft°/ler°/lich° | *ersetzt* | Anthroposophie/en/isch |
| Osten° | | Orient |
| Selbsterziehung° | | Selbstzucht |

# Die Vorträge Rudolf Steiners

Rudolf Steiner hat einige Tausend Vorträge, zahlreiche von ihnen öffentlich, vor den unterschiedlichsten Menschengruppen gehalten. Sie waren nicht für den Druck bestimmt, aber viele Menschen wollten seine Vorträge auch lesen. Dazu schreibt er in *Mein Lebensgang* (Kap. XXXV): *«Es wird eben nur hingenommen werden müssen, daß in den von mir nicht nachgesehenen Vorlagen sich Fehlerhaftes findet.»*

In einer Zeit ohne Tonbandgeräte war der Weg vom gesprochenen Wort zum gedruckten Buchstaben nicht einfach. Verschiedene Zuhörer haben mit unterschiedlicher Geschicklichkeit stenografiert, dann das Stenogramm in Klartext übertragen und unter Umständen redigiert. So heißt es zum Beispiel in GA 137 (HDD2004, S. 233): *«Diese Ausgabe basierte auf der stenographischen Mitschrift von Franz Seiler, Berlin, welche im Auftrag Marie Steiner-von Sivers für den Druck korrigiert bzw. bearbeitet worden ist von Adolf Arenson.»* Eine solche Bearbeitung enthält zuweilen auch Erläuterungen oder Ergänzungen, die nicht von Steiner stammen.

Heute, ein Jahrhundert später, ist Rudolf Steiner zur historischen Figur geworden. Für viele Menschen ist nicht mehr wichtig oder maßgebend, was er in Bezug auf seine Vorträge während seines Lebens verfügt hat oder auch hinnehmen musste. Heute geht es darum, die «Quellenlage» zu erforschen und die vorhandenen Unterlagen interessierten Menschen zugänglich zu machen.

Alle redaktionellen Entscheidungen in dieser Ausgabe sind mit der Überzeugung getroffen worden, dass alle Menschen auf der Welt das Recht haben, alle Unterlagen zu prüfen, die dem Redakteur zur Verfügung standen. Es ist keineswegs zufällig, sondern es gehört vielleicht zum wichtigsten Karma der Menschheit, welche Nachschriften der Vorträge Rudolf Steiners erhalten geblieben sind. Nicht wenige Menschen sind heute daran interessiert, möglichst genau zu erfahren, was Rudolf Steiner gesagt hat.

Sie möchten daher wissen, welche von den vorhandenen Unterlagen dem von Rudolf Steiner gesprochenen Wort am nächsten stehen. Um dies zu ermitteln, sind eine gewissenhafte Prüfung der Unterlagen und eine Vertrautheit mit Steiners Denk- und Sprechweise erforderlich.

Der Archiati Verlag ist bestrebt, einerseits so nah wie möglich an das von Rudolf Steiner Gesprochene heranzukommen und andererseits seine Geisteswissenschaft allen Menschen zugänglich zu machen, da es in ihrer Natur liegt, zum unmittelbaren Leben zu werden. Für das Erste sind die Original-Klartextübertragungen wichtig, für das Zweite sind unter anderem die Wahl der Texte und die Art der Redaktion, aber auch die Gestaltung und nicht zuletzt der Preis maßgebend.

Wie man wissenschaftliche Genauigkeit mit allgemeiner Zugänglichkeit verbinden kann, zeigt sich am Beispiel von Wörtern, die heute ungebräuchlich sind oder eine andere Bedeutung angenommen haben. Sie werden durch ein allgemein verständliches Wort ersetzt und mit einem hochgestellten kleinen Kreis (°) kenntlich gemacht – zum Beispiel beziehungsweise° für respektive, Klammer° für Parenthese, Westen° für Okzident. Am Ende des Textes findet der Leser die Liste der ersetzten Worte. Fremd- oder schwer verständliche Wörter werden zuweilen auch in Klammern «übersetzt». Der gebildete, über die Verbreitung einer modernen Geisteswissenschaft sich freuende Leser wird es begrüßen, dass solche Texte auf diese Weise möglichst vielen Menschen zugänglich gemacht werden.

Als Rudolf Steiner die Theosophische Gesellschaft verlassen musste, gab er die Anweisung, dass in seinen Vorträgen «Theosophie» und «theosophisch» durch «Anthroposophie» und «anthroposophisch» ersetzt werden. Es könnte jemand die Meinung vertreten, dass das eine Fälschung sei. Für Rudolf Steiner ist aber Geisteswissenschaft vor allem *Leben,* und um dem Leben zu dienen muss man in Bezug auf die Terminologie beweglich bleiben. Immer wieder betonte er, dass die Terminologie reines Mittel zum Zweck ist.

# Fachausdrücke der Geisteswissenschaft
## Mensch- und Erdentwicklung

| | |
|---|---|
| 7 planetarische Zustände der Erde | 1. Saturn-, 2. Sonnen-, 3. Mond-Erde, 4. Erde (jetziger Planet), 5. Jupiter-, 6. Venus-, 7. Vulkan-Erde |
| 7 geologische Epochen der jetzigen Erde | 1. Polarische, 2. hyperboräische, 3. lemurische Erdepoche 4. atlantische Erdepoche, 5. nachatlantische (die jetzige), 6., 7. Erdepoche |
| 7 Kulturperioden der «nachatlantischen» Zeit (je 2160 Jahre) | 1. Indische, 2. persische, 3. ägypt.-chaldäische Kulturper. 4. griech.-römische Kulturperiode (747 v.–1413 n.Chr.); 5. unsere Kulturper. (1413–3573 n.Chr.), 6., 7. Kulturper. |

## Wesen des Menschen

| | |
|---|---|
| 3 Körper-Hüllen | 1. Physischer Körper 2. Ätherischer Körper, Ätherleib, Bildekräfteleib 3. Astralischer Körper, Astralleib, Empfindungsleib |
| 3 Seelen-Kräfte | 1. Empfindungsseele 2. Gemüt- oder Verstandesseele 3. Bewusstseinsseele |
| 3 Geistes-Glieder | 1. Geistselbst (höheres Ich) 2. Lebensgeist 3. Geistesmensch |
| Aus 9 wird 7 | 1. Physischer Leib, 2. Ätherleib, 3. Astralleib, 4. Ich, 5. Geistselbst, 6. Lebensgeist, 7. Geistesmensch |

## Dreiheit in Mensch und Welt

| Geistige Wesen: | Luzifer | Christus | Ahriman |
|---|---|---|---|
| Evangelium: | Diabolos | Streben nach Gleich-gewicht | Satanas |
| Geistig: | Spiritualismus | | Materialismus |
| Seelisch: | Schwärmerei | | Pedanterie |
| Physisch: | Entzündung | | Sklerose |
| Moralisch: | hemmend | fördernd | hemmend |

## Naturelemente

| Ätherwelt: | Wärmeäther | Lichtäther | Ton-/Zahlenäther | Lebensäther |
|---|---|---|---|---|
| Phys. Welt: | Wärme | Luft | Wasser | Erde |
| Unternatur: | Schwerkraft | Elektrizität | Magnetismus | Atomkraft |
| Naturgeister: | Salamander | Sylphen | Undinen | Gnomen |

## Stufen der Einweihung

| 1. Imagination | Bilder sehen – in der Akasha-Chronik (Ätherwelt) |
|---|---|
| 2. Inspiration | Worte hören – in der Seelenwelt (Astralwelt) |
| 3. Intuition | Wesen erkennen – in der geistigen Welt (Devachan) |

**Rudolf Steiner** (1861-1925) hat die moderne Naturwissenschaft durch eine umfassende Wissenschaft des Übersinnlich-Geistigen ergänzt. Seine Geisteswissenschaft oder «Anthroposophie» ist in der heutigen Kultur eine einzigartige Herausforderung zur Überwindung des Materialismus, dieser leidvollen Sackgasse der Menschheitsentwicklung.

Steiners Geisteswissenschaft ist keine bloße Theorie. Ihre Fruchtbarkeit zeigt sie vor allem in der Erneuerung der verschiedenen Bereiche des Lebens: der Erziehung, der Medizin, der Kunst, der Religion, der Landwirtschaft, bis hin zu einer gesunden Dreigliederung des ganzen sozialen Organismus, in der Kultur, Rechtsleben und Wirtschaft genügend unabhängig voneinander gestaltet werden und sich gerade dadurch gegenseitig fördern können.

Von der etablierten Kultur ist Rudolf Steiner bis heute im Wesentlichen unberücksichtigt geblieben. Dies vielleicht deshalb, weil seine Geisteswissenschaft jeden Menschen, der sie ernst nimmt, früher oder später vor die Wahl zwischen Macht und Menschlichkeit, zwischen Geld und Geist stellt. Gerade in dieser Wahl liegt aber jene innere Erfahrung der Freiheit, die jeder Mensch sucht und die der Grundaussage des Christentums zufolge seit zweitausend Jahren allen Menschen möglich ist.

Es liegt in der Natur dieser Geisteswissenschaft, dass sie weder ein Massenphänomen noch eine elitäre Erscheinung sein kann: Einerseits kann sie nur der einzelne Mensch in seiner Freiheit ergreifen, andererseits kann dieser Einzelne in allen Schichten der Gesellschaft und in allen Völkern und Religionen der Menschheit seine Wurzeln haben.